악의 패턴

★ ★ ★

THE PATTERN OF EVIL

악의 패턴

민주주의를 불태우는 독재자들

케네스 C· 데이비스 지음 — 임지연 옮김

독재의 장막을 넘어

장덕준(국민대학교 유라시아학과 교수)

1. 들어가며

오늘날 우리는 민주주의를 자연스럽고 당연한 가치로 여긴다. 어느 정권이든 '민주주의'를 앞세워 자신의 정치적 정당성을 주장한다. 일당 독재나 군부 통치 같은 노골적인 형태의 독재는 이제 전 세계적으로 보기 드문 현상이 되었다. 그러나 좀 더 자세히 들여다보면, 민주주의가 부지불식간에 잠식되거나 붕괴 위험에 처하는 경우가 늘어나고 있음을 알 수 있다. '국민'의 이름으로 민주적 절차가 무시되고, 권력이 개인 또는 소수 엘리트에게 집중되는 현상을 어렵지 않게 찾아볼 수 있다. 그리고 집중화된 권력은 그러한 소수 지배층의 이익에 봉사함으로써 견고한 부패의 사슬을 만들어낸다. 지금 우리는 민주주의의 외양에도 권력 분산과 법의 지배라는 민주주의 원칙이 권력의 집중과 법에 의한 지배로 대체되어가는, 이른바 '신권위주의' 현상의 확산을 목도하고 있다.

2. 민주주의의 후퇴와 독재자의 리더십

미국의 정치학자 스티븐 레비츠키와 대니얼 지블랫이 쓴 『어떻게 민주주의는 무너지는가』라는 책은 '선거를 통해 합법적으로 선출된 지도자'가 독재자로 변화하는 모습을 설명한다. 말하자면, 민주주의 제도의 허울을 쓴 독재 체제 즉 '신권위주의'가 어떻게 등장하는지를 보여준다. 이 책은 2003년 베네수엘라 우고 차베스의 독재를 향한 행보와 2015년 니콜라스 마두로가 제헌의회를 통해 의회를 무력화시키고 독재국가로 나아간 역사를 서술하고 있다. 그리고 조지아, 헝가리, 니카라과, 페루, 필리핀, 폴란드, 러시아, 터키, 우크라이나에서 선출된 지도자들이 민주주의 제도를 전복한 사례를 해부한다. 이 책은 심지어 민주주의가 '모범적'으로 발전한 미국에서조차 권위주의로 퇴행할 조짐이 보인다고 우려한다. 트럼프 행정부는 그러한 우려를 증폭시켰다.

레비츠키와 지블랫은 민주주의자와 극단주의자의 동맹이 결정적으로 민주주의를 퇴보시켰다고 본다. 달리 말해, 포퓰리스트 등 극단주의 성향의 리더십이 대중을 선동해 권력을 독점하고 극단주의적인 정책으로 부정적인 결과를 야기할 가능성이 높다는 것이다. 한 걸음 더 나아가, 파시스트나 공산주의, 쇼비니스트, 신권정치 등 극단주의 성향의 '스트롱맨 리더십'은 민주주의를 퇴보시키고 국민들을 분열과 갈등, 심지어 전쟁의 소용돌이로 몰고 갈 수 있다는 것이다. 게다가 그러한 극단주의와 분열을 부추기는 세력을 여과하고 배제하는 정당의 이른바 '문지기(gatekeeper)' 기능이 약화하고 있는 현상은 민주주의의 이름으로 그러한 스트롱맨 리더십이 탄생할 수 있는 여건을 만들어낸다는 것이다.

3. 『악의 패턴』, 민주주의를 불태우는 독재자들

이 책은 20세기 세계 정치사에서 '독재자'의 대표적인 사례로 볼 수 있는 다섯 명의 정치 지도자들을 통해 독재자의 등장 배경과 그 특징, 그리고 그들의 지배가 가져온 정치적, 사회적 결과를 흥미진진하게 풀어낸다. 이탈리아 파시즘의 원조 무솔리니, 유럽을 전쟁과 홀로코스트라는 파멸의 길로 이끈 독일 나치 지도자 히틀러, 사회주의 강대국 건설을 명분으로 피의 숙청과 철권을 휘두른 소련의 독재자 스탈린, 대중의 엄청난 희생 속에서 중국의 공산정권을 세운 마오쩌둥, 그리고 아랍권의 맹주를 꿈꾸며 무자비한 독재 권력을 휘두른 이라크의 사담 후세인 등 다섯 독재자의 이야기가 펼쳐진다.

이들의 등장 배경과 통치 양상은 시대적 배경, 각국의 구체적인 상황에 따라 상이하게 나타난다. 그럼에도 다섯 독재자의 리더십이 독재 권력을 쟁취하고 유지하는 방식을 보면 대체로 다음과 같은 공통점을 발견할 수 있다. 첫째, 독재자들은 선전, 선동을 통해 스스로의 정치적 정당성을 제고하는 한편, 오락(영화, 스포츠, 대중가요 등)을 장려함으로써 대중의 불만을 잠재운다. 독재자들은 예외 없이 주요 언론을 국유화하고 여타 매체에 대한 통제를 강화해 여론을 조작하고 자신의 지지 세력을 동원하는 데 골몰한다. 또한 그들은 대형 스포츠 이벤트를 통해 자신의 업적을 선전하고 국론 결집을 도모한다. 히틀러의 경우 1936년 베를린 올림픽을 통해 자신의 정당성을 홍보하려 했다. 최근의 예를 들면, 러시아의 푸틴은 2014년 소치 올림픽 개최, 2018년 러시아 월드컵 개최를 통해 러시아 국민들을 단합시키고 자신의 통치 기반을 강화하고자 했다.

둘째, 독재자들은 '남 탓하기'의 명수들이다. 그들은 현재의 위기를 다른 누군가의 책임으로 전가해 대중이 좌절감과 분노를 표출할 대상을 설정하는 데 매우 능숙하다. 히틀러의 예를 들어보자. 사회생활에 성공적으로 적응하지 못한, 한낱 무명 정치 지망생에 불과했던 아돌프 히틀러는 1차 세계대전 패전 이후 독일이 직면한 사회·경제적 위기 속에서 독일 대중들이 갖고 있던 절망감과 열패감에 주목했다. 그는 대중의 불안감과 절망감의 원천을 '베르사유 체제'와 바이마르 공화국이 유지하고 있던 '민주주의' 탓으로 돌렸다. 더 나아가 히틀러의 나치당은 유대인들을 사회악의 근원으로 규정하고 그들에 대한 박해를 아리안(독일인)의 우월성 확보로 치환시켰다. 그러한 히틀러의 인식은 독일인들의 생활공간(Lebensraum) 확대를 명분으로 유럽 정복 전쟁이라는 파멸적인 결과를 초래하게 된다.

셋째, 독재자들은 사건을 조작해 희생양을 만드는 것에 매우 능숙하다. 다시 히틀러의 예를 들어보자. 히틀러는 1933년 1월 30일 힌덴부르크 대통령에 의해 총리로 지명되었다. 그로부터 얼마 지나지 않은 1933년 2월 말 의사당 화재 사건을 빌미로 정적(공산당원, 좌파 지식인, 노동운동가)을 제거하고 개인의 자유를 박탈하는 소위 '의사당 소방법' 제정을 통해 사실상 독재 권력의 기반을 확보했다.

넷째, 독재자들은 정보기관과 비밀경찰을 이용해 공안 통치와 친위 정치조직을 통한 지지 기반 확대를 도모하는 경향이 있다. 이를테면, 히틀러는 SS(나치 친위대)와 게슈타포(비밀경찰)를 움직여 정적을 제거하고, 대중을 정권에 순응하도록 만들었다. 스탈린은 내무인민위원회(NKVD)라는 비밀경찰을 통해 정적을 제거하고 실제적, 잠재적 반대자들을 색출하는 한편으로 대규모 숙청을 지속적으로 펼쳐 공포 분위기를 조성했다. 바트당을 통한 사담 후세인의 공포정치도 유사한 사례에 해당한다. 한편 무솔리니의 '파시스트 청소년단'이나 히틀러의 유겐트(청년 동원 조직), 스탈린의 콤소몰(청년공산동맹), 문화혁명기에 마오쩌둥을 열렬히 추종한 홍위병 등의 사례에서 볼 수 있듯이 독재자들은 청년조직을 동원해 자신의 정치적 지지 기반을 강화하고자 했다.

다섯째, 독재자들은 정치적 정당성을 강화하기 위해 자신에 대한 우상화에 열을 올린다. 그러한 우상화 현상은 이 책에서 다루는 다섯 독재자들에게서 공통적으로 나타난다.

4. 독재자의 지배를 넘어 다시 민주주의로

그렇다면 민주주의의 외피를 하고도 독재자들이 압도하는 '신권위주의' 체제를 벗어날 방법은 없을까. 이 책은 기본적으로 독재자들의 리더십이 등장하는 과정과 그 전개 양상, 그것이 끼친 해악을 보여준다. 한편으로 이 책은 그러한 독재를 극복하고 민주주의와 공화주의를 회복하기 위한 방책을 제시한다. 다섯 사례에서 보듯, 민주주의는 보기보다 매우 취약하다. 개인의 자유와 권리 등 민주주의의 핵심적인 가치를 보호하기 위해 만들어둔 안전장치는 독재자 또는 잠재적 독재자에 의해 쉽게 제거될 수 있다. 그러한 과정에서 감시견 역할을 해야 하는 언론뿐만 아니라 지식인들도 침묵하거나 정권에 부역하는 경우가 많다. 심지어 사회정의의 최후 보루인 법원도 특정 이념을 편들며 기울어지거나 독재자의 이익에 봉사하는 경우가 허다하다. 그러한 이유로 이 책은 민주주의, 자유주의 그리고 공화주의를 지키는 데 있어 사회 구성원 각자의 자각이 매우 중요하다고 지적한다. 같은 맥락에서 독재자의 인권 유린, 폭정, 억압에 대해 묵인하고 도피하는 행위는 결국 스스로를 독재 권력의 제물로 내던지는 결과를 초래할 것이라고 이 책은 경고한다. 그리하여 이 책은 독재자의 출현을 막거나 독재자의 통치를 종식시키기 위해서는 대중들에게 "미리 복종하지 마라"라는 경구를 상기시킨다. 결국 대중이 자신의 자유와 권리를 자각하고 그것을 지키기 위해 불의한 정권에 목소리를 내고 항거할 때, 민주주의와 공화주의의 원칙과 제도를 살리고 국민 각자의 자유와 권리를 지킬 수 있다는 것이다.

결국 특정 국가의 민주주의가 어느 정도로 유지되느냐는 국민이 자신의 권리 및 의무에 대해 얼마나 인식하고 실천하며 서로 연대하느냐 하는 정치적 능력과 참여 수준에 달려 있다. "하늘은 스스로 돕는 자를 돕는다." 이 속담은 비단 개인의 일상생활에만 국한되는 교훈이 아니다. 이는 국민의 정치 생활에 있어서도 매우 중요한 행동 준칙인 셈이다. 이 책은 민주주의의 퇴행에 대한 우려가 점차 증대하고 있는 오늘날, 우리 스스로 정치 과정에 있어 수동적 방관자가 아닌 능동적 참여자가 되어야 함을 일깨워준다. 민주주의의 지킴이가 되고자 하는 이들은 꼭 읽어야 할 책이다.

CONTENTS

하지만 질서와 권력 균형, 진정한 자유,
그리고 법에 대한 진실하고도 깊은 존중 같은 미국 헌법의 원칙들은
공화정이라면 마땅히 갖추어야 할 보편적인 원칙이다.
그리고 이러한 원칙이 존재하지 않는 곳에서는
공화정이 곧 사라질 것이라고 예측해도 무방하다.
– 알렉시 드 토크빌, 『미국의 민주주의』 중에서

권력은 수단이 아닐세. 그 자체가 목적이지. 혁명을 지키기 위해
독재를 하는 것이 아니라 독재를 하기 위해 혁명을 일으키는 거야.
박해의 목적은 박해 그 자체일 뿐이고, 고문의 목적은 고문일 뿐이지.
그렇듯 권력의 목적은 권력 그 자체일 뿐이네.
– 조지 오웰, 『1984』 중에서

들어가며

민주정체가 무르익으면 자연스럽게 참주정체가 생겨난다.

– 플라톤, 『국가』 중에서

● ● ●

지금 이 자리에서 우리는 이들의 죽음을 결코
헛되이 하지 않겠다고 굳게 다짐해야 합니다.
하느님의 가호 아래 이 나라는 자유를 새로이 탄생시키고,
국민의, 국민에 의한, 국민을 위한 그 정부가
지구상에서 절대 사라지지 않게 할 것입니다.

– 에이브러햄 링컨, 게티즈버그 연설 중에서

독재자, 그들은 누구인가?

아기 때의 아돌프 히틀러.

미국 서부 개척시대를 배경으로 한 모험소설과 카우보이 놀이를 좋아하는 한 소년이 있었다. 위대한 예술가가 되겠다는 꿈을 품은 그 소년의 관심사는 그림 그리기뿐이었다.

또 다른 한 명은 사제가 되기 위해 신학교를 다니다 중퇴한 뒤 기상대에서 기상도 만드는 일을 잠시 했다.

그리고 셋 중 마지막 한 명은 학교에서 교사에게 미움받던 학생으로, 열네 살 나이에 중매결혼으로 학업을 중단하고 경찰학교와 비누제조기술학교에 등록했다가 도서관 보조로 일했다.

아돌프 히틀러(Adolf Hitler), 이오시프 스탈린(Iosif Vissarionovich Stalin), 마오쩌둥(毛澤東), 이

1902년 경찰에 체포된
이오시프 스탈린.

마오쩌둥의
초기 사진(1913년경).

들의 어린 시절에는 역사상 가장 잔혹한 독재자가 될 만한 조짐은 조금도 보이지 않는다. 그들은 아버지가 자신을 위해 세운 계획에 반발했고, 많은 10대와 학생들이 그렇듯 이 젊은이들도 세상에 뛰어들어 자신의

악의 패턴

길을 찾기 시작하면서 반항심을 키워갔다. 그러나 이들은 모두 전쟁, 기아, 강제노역, 집단학살로 수천만 명의 목숨을 앗아갈 능력을 갖게 되었다. 그들은 충성심 높은 추종자들과 순종적인 장군들, 비밀경찰, 앞잡이 노릇을 꺼리지 않는 정치인, 그리고 그들이 통치한 수많은 사람들의 동의와 공모로 대학살이라는 유산을 남겼다.

어떻게 이런 일을 저지를 수 있었을까? 그리고 어떻게 했던 것일까?

이 책에서는 무소불위의 권력을 행사한 절대권력자 혹은 전제군주, 즉 독재자가 어떻게 그런 권력을 손에 넣게 되었고, 그 과정에서 어떻게 반대 의견을 무자비하게 억압하고 적을 제거했는지 살펴본다. 이 책은 또한 어떻게 지도자 한 사람이 언론·출판의 자유, 종교의 자유를 비롯해 민주주의 국가의 국민이 당연하다고 여기는 자유를 말살할 수 있는지 들여다보는 이야기이기도 하다.

이탈리아의 베니토 무솔리니(Benito Mussolini), 독일의 아돌프 히틀러, 소련의 이오시프 스탈린, 중국의 마오쩌둥, 이라크의 사담 후세인(Saddam Hussein). 이 책에서 다루는 이 다섯 독재자는 상상을 초월하는 희생자를 낳은 반인륜적 대학살을 저질렀다. 스탈린은 1939년 2차 세계대전이 발발하기 훨씬 전에 이미 수백만 명을 죽였다. 비극적인 사망자 수는, 이 전쟁에서 히틀러 치하의 독일과 소련이 싸운 뒤 나치가 무솔리니의 도움으로 유대인 말살 계획, 일명 '최종 해결책(Final Solution)'에 착수해 대량 처형과 기아 등의 전쟁 범죄를 저지르면서 급증했다. 역사가들의 주장에 따르면, 마오쩌둥은 1949년 공산당이 중국 본토를 장악한 뒤 적어도 4,500만 명을 죽음으로 내몰았다. 그리고 사담 후세인은 2003년 미국에 의해 권좌에서 내려오기까지 수십여 년 동안 이라크에서 폭정을 펼치면서 고문, 화학무기 살포, 대규모 처형, 이웃 국가와의 전쟁 등으로 악명 높은 살인자 명단에 이름을 올렸다.

"한 명의 죽음은 비극이지만 100만 명의 죽음은 통계 수치일 뿐이다." 스탈린의 이 발언은 이토록 놀라운 수치를 매우 무감각하게 받아들일 수도 있음을 상기시킨다.

하지만 우리는 이를 무감각하게 받아들여서는 안 된다. 이 책은 무미건조하게 통계치를 담은 책도, 파시즘이나 나치즘, 공산주의를 비롯해 그 밖의 여러 사상 아래 저질러진 최악의 잔혹 행위를 망라한 백과사전도 아니다. 상상을 초월하는 죽음과 파멸을 초래한 자들의 면모를 보여주는 인물 이야기다. 이 책의 목적은 20세기 가장 치명적인 독재자들의 삶을 살펴봄으로써 이들의 비인간적 행위가 아닌 인간적 특성을 탐색하는 것이다. 그들이 어떤 사람이었는지, 어떻게 그런 무소불위의 권력을 손에 넣을 수 있었는지, 그들의 공통점은 무엇이며, 그들이 통치한 사람들이 자발적이든 공포 통치 때문이든 어떻게 살인의 길을 따르게 되었는지 살펴보려 한다.

역사는 무엇을 강조하느냐에 따라 달리 해석되곤 한다. 한눈에 들어오는 날짜와 숫자로 표현될 수도, '위대한 인물'의 가슴 벅찬 영웅적 이야기로 자부심과 애국심을 고취할 수도 있다. 하지만 때로는 역사에는 다른 면도 있다. 이 경우 그것은 대체로 잔혹함이다. 범죄와 불의라는 추악한 내용을 담고 있으며, 그 목록에는 처형과 은밀

아우슈비츠 희생자들의 신발.

한 고문, 한밤중에 불쑥 찾아와 보통 시민들 사이에 공포를 조성하는 비밀경찰, 그리고 대학살이 올라 있다.

워싱턴 DC에 있는 미국 홀로코스트 기념관(U.S. Holocaust Memorial Museum)을 찾은 많은 방문객은 전시된 신발들을 보며 눈물을 흘린다. 대학살의 희생자들은 한 사람 한 사람 존엄한 인간이며, 그 신발들은 나치의 가스실과 노동 수용소에서 죽음을 맞이한 수백만 명 중 일부의 것이다. 이곳에 전시된 신발들은 역사의 주인공은 바로 사람, 현실의 보통 사람이라는 사실을 되새기게 한다.

그런 점에서 『악의 패턴』은 인간의 이야기, 즉 다른 사람들에게 끔찍한 만행을 저지른 사람들에 대한 실제 이야기다. 그 현실이 굉장히 참혹하기에 이 이야기를 다루기란 여간 어렵지 않지만, 그렇다고 해서 아름답게 포장할 수는 없다. 그들이 저지른 반인류적 범죄의 공포를 생생히 드러내지 않고는 그들로 인한 수많은 사람의 죽음과 참혹한 고통을 논할 방법이 없다. 그들은 구타, 강간, 개인적 살인 행위, 고의적 기아, 대학살 같은 범죄를 저질렀다. 듣기만 해도 암울해지지만, 불행히도 현실에 너무도 깊은 상흔을 남겼기에 변명의 여지가 없으며 너무도 위험한 행위였기에 무시할 수도 없다.

이들 독재자의 삶이 오해와 지속적인 선전으로 포장되었기에 이처럼 현실을 직시해 이야기하기는 더욱 어려워졌다. 오늘날 살인을 저지른 독재자가 아닌 강력한 국가 지도자라는 향수에 이끌려 무솔리니, 스탈린, 마오쩌둥의 묘지를 방문하는 순례자들이 적지 않다. 선전은 사실을 호도하고 왜곡하며 부정한다. 하지만 사실은 확고부동한 것이다. 과거로부터 배움을 얻도록 이끌어주는 것이 역사의 사명이라면 다음의 중요한 질문에 대한 답을 찾아 끈질기게 진실을 좇아야 한다.

* 무엇이 평범해 보이는 사람을 잔혹한 살인자로 만들었을까?
* 수백만 명의 목숨을 앗아가면서까지 한 나라를 독재자의 희생양으로 만든 동력은 무엇일까?
* 민주정체는 가장 바람직한 정부인가?
* 민주주의가 그토록 바람직한 이념이라면, 어떻게 이를 지켜내야할까?

이상의 질문은 중요한 의미를 지닌다. 오늘날 전 세계적으로 시민의 자유, 인권, 종교의 자유와 확고히 자리 잡은 법치주의를 무력화하려는 정치 지도자들이 속속 등장하고 있다(그중에는 합법적으로 선출된 이들도 적지 않다). 그들은 언론을 탄압하고 집단 검거를 자행하며 정치적 위협이 되거나 체제에 반하는 인물들을 '민중의 적'으로 몰아 암살하기도 한다. 이런 권위주의적 통치자들은 여론을 조작하기 위해 선전, 즉 '가짜 뉴스'도 폭넓게 활용한다. 그리고 이민자나 특정 인종, 소수 종교 같은 일부 집단을 종종 한 국가의 병폐에 대한 희생양으로 삼는다.

2020년 3월, 전 세계의 민주주의를 감시하는 국제기구인 프리덤 하우스(Freedom House)는 세계의 자유가 14년 연속 감소 추세라는 보고서를 발표했다. "민주주의와 다원주의가 공격받고 있다. 독재자들은 국내의 마지막 남은 반대 세력의 잔재를 일소하고 유해한 영향력을 세계의 새로운 지역으로 확산시키기 위해 노력하고 있다. 동시에, 자유 선거로 선출된 많은 지도자가 관심사를 극도로 좁혀 자국의 이익이라는 관점에서만 편협하게 해석하고 있다. 사실 세계

플라톤 두상.

양대 민주주의 국가인 미국과 인도의 최고 지도자를 비롯한 정치 지도자들은 제도적 안전장치를 점점 더 허물고 비판자들과 소수의 권리는 묵살하며 대중의 인기에 영합하는 의제를 추구하려 한다. (…) 2019년에 전 세계에서 여러 시위가 일어났음에도 지금까지 전 세계 자유의 쇠퇴를 막지 못했기에, 민주주의를 확립한 나라들이 더 강하게 지지하고 연대하지 않는다면 시위 세력은 권위주의의 보복에 굴복할 가능성이 크다."

이런 점에서 이 책은 민주주의에 대한 책이기도 하다. 민주주의가 얼마나 빠르게 종말을 맞이할 수 있는지에 대한 사례 연구로 시작해 민주주의의 간략한 역사를 살펴본다.

첫 장에서 볼 수 있듯, 민주주의는 쉽게 시드는 꽃과 같다. 1787년 미국 헌법이 제정될 때, 건국의 아버지 벤저민 프랭클린(Benjamin Franklin)은 미국이 '선출된 군주제 국가'로 전락하지는 않을지 우려했다. 2,000여 년 전 그리스의 철학자 플라톤은 고대 그리스에서 태어난 이념인 민주정체가 결국은 참주정체로 끝날 것이라고 예언했다.

그러면 이들의 의견대로 될까?

이 책에서 다루는 다섯 명의 이야기를 보면 훨씬 더 어려운 질문을 제기하게 된다. 그들의 억압적인 제도를 살펴보면 이 세계는 필연적으로 조지 오웰이 암울한 디스토피아 소설 『1984』에서 예언한 절망적인 세계로 나아갈 운명이 아닌지 의문을 품게 된다. 2차 세계대전 이후 소련이 동유럽 지역에서 전체주의적 영향력을 확대하던 시

존 트럼벌, 〈독립선언문 초안을 의회에 제출하다〉, 1818년. 독립선언문에 서명한 사람들은 "우리의 생명과 재산과 신성한 명예를 걸고" 자유를 지키겠노라 맹세했다.

대에 쓰인 이 소설은 끊임없이 전쟁을 벌이는 세 개의 초강대국으로 분단된 세계, 개인의 자유와 개성이 말살되고 많은 당원이 똑같이 파란색 멜빵바지를 입는 암울한 세계를 그렸다. 오웰의 빅 브라더(Big Brother)가 자유의 여신을 대신할 것인가? 정부가 통제하는 언어인 무시무시한 신어(Newspeak)가 객관적 사실을 무너뜨릴 것인가? 기록을 파괴하고 국가의 노선에 부합하도록 조작하는 오웰의 소설 속 진리부(Ministry of Truth)에서 하듯, 역사는 재가 되어 '기억 구멍'으로 사라질 것인가?

그리고 마지막으로 우리에게 가장 어려운 문제가 남는다. 각자 생각해보자.

'독재자와 대면한다면 나는 어떻게 행동할까?'

여러분은 아마도 "목숨을 거는(to die for)"이라는 표현을 자주 들어봤을 것이다. "저 신발을 갖기 위해서라면 목숨이라도 걸겠어"라고 말하는 식으로 말이다.

물론 그 멋진 신발을 위해 진짜로 목숨을 바치겠다는 의미는 아니다. 그러나 이 표현에 궁극적인 의문이 생긴다. 그렇다면 당신은 무엇을 위해 목숨을 바치겠는가?

가족? 친구? 신앙?

1776년 미국 독립선언문에 서명한 사람들은 "우리의 생명과 재산과 신성한 명예를 걸고" 자유라는 대의를 지키겠노라 서약했다. 이 말은 단순한 미사여구가 아니었다. 이들 56명이 실제로 "모든 사람은 평등하게 태어났으며", "생명과 자유, 그리고 행복을 추구할" 권리를 부여받았으며, 정부의 정당한 권력은 오직 "인민의 동의"를 통해서 나온다는 시대를 초월한 이념을 위해 엄청난 위험을 감수했다는 의미다. 우리 삶에 영향을 미치는 결정을 내릴 때 우리가 동의해야 한다는 생각은 미국 헌법의 "우리 인민(We, the people)"이라는 첫 단어에 확고히 드러나 있다.

이상의 표현들은 2세기 동안 전 세계 사람들에게 영감을 주었지만, 미국 역사에서도 아메리카 대륙의 원주민에 대한 취급부터 시작해 많은 부당한 사례가 깊이 뿌리내리고 있다. 게다가 건국의 아버

악의 패턴

지들 다수가 자신들의 자유를 위해 싸우면서 다른 사람들을 노예로 삼기도 했다. 그들이 세운 나라는 독재자에게 굴복해 민주주의를 포기하지 않고 남북전쟁, 대공황, 두 차례의 세계대전 등 많은 난관과 위기를 헤쳐왔다.

그래서 오늘날 많은 사람에게 민주주의는 현실의 문제다. 많은 사람이 그러한 민주주의의 이상을 당연한 것으로 받아들인다. 그토록 많은 미국인이 투표권을 행사하거나 그들의 목소리를 내는 데 적극적이지 않은 이유다. 그들은 적극적으로 참여하는 대신 방관을 선호한다. 그러나 민주주의는 관중으로서 관람하는 운동 경기가 아니다. 그것은 행동과 참여, 때로는 희생까지도 요구한다. 게다가 민주주의는 매우 약해서 금세 사라질 수도 있다. 자, 그러면 바로 그 지점에서 시작하자.

★ ★ ★ **1** ★ ★ ★

불타는
민주주의

독일
입법부의
본거지,
베를린의
국회의사당.

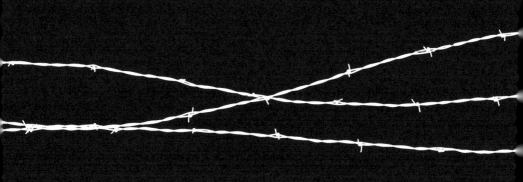

민주주의가 어리석게도 우리에게 무임승차권이나 봉급을 준다면,

우리는 민주주의의 골칫거리가 될 것이다.

우리는 민주주의의 친구도, 중도파도 아니기 때문이다. 우리는 적이다!

우리는 양 우리를 공격하는 늑대처럼 의사당에 입성했다.

― 요제프 괴벨스(나치 독일의 선전장관)

• • •

1933년 2월 27일
독일 베를린

독일 수도의 어느 추운 밤, 한 대학생이 도서관을 나와 집으로 걸어가고 있었다. 독일 의회가 자리한 웅장한 건물을 지날 때였다. 그는 안에서 유리창이 깨지는 소리를 듣고 순찰 중인 경찰에게 이 사실을 신고했다.

몇 분 후, 집권당인 나치당의 기관지 인쇄기는 거대한 의사당 안에서 횃불을 들고 움직이는 남자가 목격되었다는 소식을 찍어냈다. 그리고 거의 동시에 군화를 신고 검은 코트를 입은 한 남자가 베를린 경찰서를 찾아가 의사당에 불이 났다고 익명으로 신고했다. 신고가 접수되고 불과 몇 분 사이에 불이 걷잡을 수 없이 번져 의사당의 우뚝 솟은 유리 돔 지붕으로 불길이 보일 정도였다. 소방대가 불길을 진압하던 중 폭발이 일어나 건물이 크게 흔들렸다.

독일 정부의 최고 지도자들이 화재 현장으로 곧장 달려왔다. 제일 먼저 도착한 사람은 헤르만 괴링(Hermann Göring), 프로이센주 내

독일 당국은 마리누스 판 데르 루페가
이 창문을 통해 의사당에 불을 지르러 들어갔다고 했다.

무장관이었다. 뒤이어 최근 독일 총리로 임명된 아돌프 히틀러와 그의 선전국장 요제프 괴벨스(Joseph Goebbels)를 태운 검은 리무진이 멈춰 섰다. 현장을 둘러본 히틀러는 누가 불을 질렀는지 알고 있다고 소리치기 시작했다. 히틀러 총리는 "이제 자비는 없을 것"이라며 "모든 공산당 간부는 발견 즉시 총살에 처하며, 공산당 의원들은 바로 오늘 밤 교수형에 처해야 한다"고 단언했다.

히틀러가 히스테리에 가까운 분노를 표출하던 그때, 용의자는 이미 구금되어 있었다. 경찰은 네덜란드 출신의 24세 석공 마리누스 판 데르 루페(Marinus van der Lubbe)를 체포했다. 웃통을 벗은 채 땀을 뻘뻘 흘리고 있다가 붙잡힌 루페는 경찰에게 자신이 네덜란드 공산당 청년조직의 일원이라고 말했다. 수사관들은 그가 곧 방화 사실을 자백했다고 밝히며, 노동계급의 상태에 '반발심을 품고 저지른 저항'으로 결론 내렸다.

과연 그가 저지른 일일까?

독일 의회 의사당 방화 사건을 둘러싼 수수께끼는 오늘날까지 풀리지 않은 채 남아 있다. 정말 공산주의자들의 음모였을까? 다른 누군가 꾸민 일은 아닐까? 화재를 신고한 검은 코트를 입은 익명의 남자는 누구일까? 그럴 만한 사건이 아니었음에도 국가 비상사태를

국회의사당 화재(국가 문서 보관소).

선포하기 위해 나치가 이 사건을 조작한 것은 아닐까? 공산주의자들이 히틀러와 나치당에 위협이 되었다는 점으로 보아, 그들에 대한 부정적인 여론을 형성하기 위한 책략은 아니었을까?

나치 언론은 이번 화재가 공산주의자들의 소행이자 총봉기를 시작하려는 신호탄이라고 즉시 보도했다. 그러나 역사가들은 그런 설명을 사실로 믿지 않으며, 화재의 원인은 여전히 미궁에 빠져 있다. 사실이 무엇이든 히틀러는 자신의 과감한 조치가 국가를 구했다고 독일인들에게 선전했다. 이 사건은 독재자가 어떻게 권력을 잡으며, 민주주의가 얼마나 빨리 소멸할 수 있는지 보여주는 중요한 사례다.

1933년 이 운명의 밤 당시, 아돌프 히틀러는 군대를 앞세워 독일을 장악한 뒤 스스로 권좌에 오른 독재자가 아니었다. 히틀러는 1932년 대통령 선거에 출마해 파울 폰 힌덴부르크(Paul von Hindenburg)에 이어 득표율 2위를 차지하며 전국적으로 인지도를 높였다. 1차 세계대전의 전쟁 영웅으로 독일 대통령에 선출된 힌덴부르크는 1933년 1월 30일 히틀러를 차기 총리로 임명했다. 독일 헌법에 따르면 총리는 영국의 수상에 상당하는 큰 권한을 가진다. 노쇠한 힌덴부르크 대통령은 히틀러의 인기와 공산당에 대한 두려움을 고려해 히틀러를 그 자리에 임명한 것이다. 히틀러는 힘들이지 않고 독일의 권력 통제권을 손에 쥐었다.

1차 세계대전 패전의 잿더미에서 탄생한 독일 공화국은 현대 민주주의를 토대로 세워졌다. 옛 독일 제국의 통치자인 카이저(Kaiser, 독일, 오스트리아 등의 제국에서 황제를 부르던 칭호. 여기서는 빌헬름 2세를

1933년 3월, 힌덴부르크 대통령(제복 차림)으로부터
총리로 임명되고 두 달 후 아돌프 히틀러.

가리킨다-옮긴이)는 전쟁 막바지에 권좌에서 내려왔고, 1919년 임시
정부는 제헌의회 선거를 치렀다. 이 선거는 여성들이 미국보다 약
2년 이상 앞서 투표권을 행사했다는 의의도 있다. 의회는 바이마르
에 모여, 독일을 물리치고 승전한 협상국 중 미국과 영국의 제도를
바탕으로 새 헌법 초안을 작성했다.

바이마르 헌법은 남녀평등을 명시했으며, 미국 권리장전에서 보
장하는 것과 유사한 수준으로 개인의 자유를 보호하는 조항을 담
고 있었다. 그중 노동자 보호 조항은 미국 노동자들에게도 부여되

지 않은 것이었다. 독일의 새 헌법에서 종교의 자유를 보장하자 관용적 분위기가 조성되어 폴란드와 러시아에 살던 유대인들이 몰려들었다.

새 헌법은 개인의 권리를 보호하고 참정권을 부여하는 데 그치지 않았다. 정당 결성의 자유까지 보장해 실업자, 노동자 계급, 빈민층을 대표하는 공산당도 합법 단체로 활동할 수 있었다. 독일은 4년에 걸친 전쟁으로 큰 타격을 입었다. 협상국의 봉쇄 조치로 식량과 의약품 공급 부족에 시달렸고, 전쟁으로 엄청난 사상자가 발생한 데다 치명적인 스페인 독감이 퍼지면서 약 40만 명의 독일인이 목숨을 잃었다. 1918년, 전쟁이 끝날 무렵에는 온 나라가 피폐한 상태였다. 일자리는 거의 없고, 젊은 세대는 죽거나 불구가 되었으며, 식량 부족으로 어둡고 절망적인 분위기가 만연했다. 기존 정치경제 질서의 전복이 궁극적 목표인 공산주의자들은 미래가 보이지 않는 절망에 빠져 분노한 사람들에게 현재와 극명히 대비되는 미래를 제시했다.

전후 독일의 경제는 파탄에 빠졌다. 인플레이션으로 상품과 서비스 가격이 급격히 상승하면서 화폐는 거의 휴지조각이나 다름없어졌다.

어느 정도였냐면, 상점 진열대에서 50마르크 가격표가 붙은 청바지를 보고 사기로 마음먹고 계산대에 갔더니 그사이에 가격이 100만 마르크로 올랐다는 식이었다. 신용카드나 현금자동인출기가 없던 시대에 이러한 일이 일어났다. 실제로 당시 독일 사람들은 손수레에 돈을 싣고 쇼핑을 하러 갔다.

"나는 총통에게 표를 던지겠다!"라고 쓰인 1936년의 독일 투표용지.

이 시대를 살았던 독일의 예술가 게오르게 그로스(George Grosz, 독일의 화가. 전후 독일의 사회상을 신랄하게 풍자하는 작품을 그렸다 - 옮긴이)는 훗날 음식을 구하기가 얼마나 어려웠는지 털어놓았다. "뭔가를 사려면 재빨리 움직여야 했다. 예를 들면, 상점으로 걸어 들어가는 사이에 토끼 한 마리 가격이 200만 마르크를 넘을 수도 있기 때문이다. 수백만 마르크도 아무 가치가 없었다. 단지 더 많이 나른다는 의미일 뿐. 가장 사소한 물건을 사는 데 필요한 돈 꾸러미마저 바지 주머니에 넣기에는 너무 무거워진 지 오래였다. 돈 꾸러미는 몇 킬로그램은 족히 나갔다. (…) 사람들은 어쩔 수 없이 수레나 배낭에 돈을 넣고 다니기 시작했다. 나는 배낭을 사용했다."

1920년대 후반에 들어 독일 경제가 다소 호전되었지만, 1929년 10월 월가의 증시 폭락으로 상황은 다시 악화하고 말았다. 독일은 일명 '블랙 프라이데이'로 야기된 충격파로 큰 타격을 입었다. 당시 추정치에 의하면, 노동 인구의 14퍼센트 이상이 일자리를 잃었다. 대공황 시기에 미국인이 고통받은 만큼 많은 독일인이 절망의 늪에 빠졌다. 우유를 비롯한 기본 생필품은 배급에 의존해야 했고, 사회 전반에 암울한 분위기가 감돌았다. 경제의 충격파로 정부 기능이 마비되자 정당들의 권력 다툼이 심화했다. 하지만 어느 한쪽도 국가의 문제를 해결할 다수 내각을 구성할 권력을 잡지 못했다. 권력의 공백이 생기면서 독일을 다시 강하게 만들겠다고 약속하는 독재자가 등장할 길이 열렸다. 그리고 한 남자가 등장했다.

아돌프 히틀러와 나치당은 1차 세계대전 패전국인 독일에 대한 가혹한 징벌적 조치였던 1919년 베르사유 조약의 문제점을 비난했다. 히틀러는 열띤 연설로 청중을 열광의 도가니로 몰아넣으며 가혹한 조약을 수용한 정치인들을 "뒤에서 칼을 꽂은 자들"이라 칭하면서 당시 독일의 문제를 그들 탓으로 돌렸다(1차 세계대전 이후 독일 사회에 만연했던 '배후중상설'을 가리킨다 - 옮긴이). 히틀러는 독일인의 애국심을 열정적으로 고취하며 승전국뿐 아니라 국제 은행가들과 유대인들을 향해서도 분노를 쏟아냈다. 히틀러는 유대인에 대해 과거로부터 이어져온 뿌리 깊은 편견인 반(反)유대주의에 호소했다. 다양한 집단을 희생양으로 삼아 자국이 당면한 문제에 대한 책임을 전가하면서 히틀러의 인기는 나날이 높이 치솟았다. 그리하여 1930년 나치당은 독일 의회에서 두 번째 다수당이 되기에 이르렀다. 이를 두고 히틀러의 전기를 쓴 이언 커쇼(Ian Kershaw)는 이렇게 말했다. "나치당이 일으킨 일대 정치적 지각변동이었다."

재산과 생산수단을 공동으로 소유하고 지배계급 없는 사회를 주장하는 공산주의 또한 히틀러의 타깃이었다. 의사당이 불길에 휩싸인 가운데 히틀러는 자신의 주요 정치적 라이벌을 지목하는 발언을 했다. 공산주의자들이 의사당을 파괴하려 한 것은 독일을 점령하기 위한 폭력혁명 계획의 일환이라고 주장한 것이다. 마리누스 판 데르 루페가 공산주의자였다는 사실이 그의 주장을 확고히 뒷받침했다.

절망에 빠진 데다 경계심 강한 독일인들에게 공산주의의 공포는 현실 그 자체였다. 독일인들은 러시아를 피로 물들이고 1918년 7월 러시아 통치자인 차르(Czar, 러시아의 황제 호칭 - 옮긴이)와 그 일가를 무자비하게 죽인 볼셰비키 혁명에 대해 익히 들어 알고 있었다. 그들은 이와 비슷한 폭동이 자신들의 나라를 휩쓸지 않을까 두려워했다. 종교 또한 공산주의에 대한 독일인들의 태도에 영향을 미쳤다. 국민의 3분의 2가 개신교, 3분의 1이 가톨릭이고 극소수 유대인이 1퍼센트를 차지하는 압도적인 기독교 국가로서 공산주의의 무신론을 두려워하기도 했다.

화재 다음 날, 히틀러의 권고에 따라 힌덴부르크 대통령은 "국민과 국가를 수호하기 위해" 포고령을 발표했다. 이 긴급명령은 지나치게 광범위하고 억압적인 조치였지만, 완벽하게 합법적이었다. 국회의사당 방화 포고령으로 바이마르 헌법에서 확대된 자유가 제한되고, 정부가 특정 혐의 없이 반대파를 체포·투옥하고 독일 언론을 통제할 권한을 갖게 되었다. 이에 따라 경찰이 대규모 체포를 시작했고, 나치의 돌격대원은 도시를 휘젓고 다니며 반대파를 색출해 지하실이나 창고에서 구타했다. 두려움에 떨던 많은 독일인은 이러한 행보를 환영했다. 전기작가 이언 커쇼는 이렇게 기록했다. "폭력과 억압이 널리 지지받았다. 모든 개인의 자유를 앗아가고 독재 정권의 발판이 된 '긴급 포고령'이 따뜻한 환영을 받은 것이다."

공산주의자들이 의사당 방화를 저질렀는지에 대해 오늘날까지 확실히 밝혀진 바는 없다. 네덜란드 청년 마리누스 판 데르 루페가 방화와 정부 전복 시도 혐의로 재판에 회부되어 유죄 판결을 받고 1934년 1월에 처형되었지만, 실제로는 나치 요원들이 여러 곳에 불을 지른 현장으로 유인된 희생양에 불과했다는 의심이 여전히 깊이 남아 있다. 의사당 방화 사건 관련자라는 혐의로 그와 함께 재판을 받은 다른 4명의 공산주의자는 모두 증거 부족으로 무죄 선고를 받았다.

하지만 공산주의자들은 타격을 받았다. 국회의사당 방화 포고령이 발표되고 불과 3주 후, 히틀러는 지배력을 더욱 강화했다. 나치는 일명 보호감호 조치로 의회의 공산당과 좌파 의원들을 구금하고, 나머지 의원들을 협박해 '국민과 제국의 위난을 제거하기 위한 법률', 즉 수권법(授權法)을 통과시켰다. 이 수권법으로 히틀러 치하의 독일 정부는 입법부의 승인이나 헌법에 따르지 않고 법을 제정할 수 있는 권한을 갖게 되었고, 히틀러는 사실상 명실상부한 통치자가 되었다.

이제 정적을 투옥하고 신문을 폐간할 무소불위의 권력으로 무장한 아돌프 히틀러는 독일에 일당 체제 국가를 수립했다. 결국 그 무한한 권위는 홀로코스트와 2차 세계대전으로 이어졌다. 이 모든 과정이 너무도 빨리 전개되었으며, 모두 완벽하게 합법적 절차를 거쳤다.

훗날 한 독일 언론인은 이런 기록을 남겼다. "먼저 국회의사당이 불타고, 뒤이어 책, 그다음에는 유대교 회당이 불탔다. 그런 뒤 독일이 불타고, 그 불길은 영국, 프랑스, 러시아로 퍼져갔다."

독일의 민주주의는 국회의사당의 불길에 휩싸여 죽고 말았다. 플라톤이 2000년 전에 예언했듯, 폭정이 민주주의를 몰아낸 것이다.

★ ★ ★ **2** ★ ★ ★

무기는 토가˚에
양보하라

로마식 의상을 걸친
조지 워싱턴.
1840년에 제작된
이 조각상은 그리스의 신
제우스를 모델로 했다.

• 토가는 고대 로마의 전
통의상으로 반달 모양의 천
을 튜닉 위에 두르는, 남성
의 정장이었다.

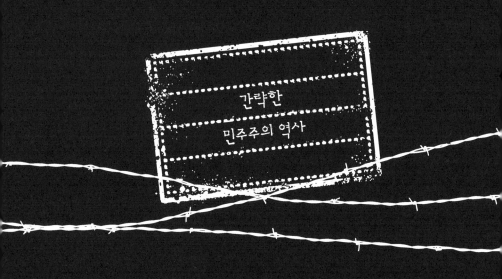

간략한
민주주의 역사

우리는 이 정체를 민주주의라고 부릅니다.
소수가 아닌 다수에 의해 통치되기 때문입니다.
– 투키디데스, 페리클레스 장례식 추도 연설 중에서

• • •

무기는 토가에 양보하라.
– 키케로, 『의무론』 중에서

• • •

한 시민이 다른 시민을 두려워하지 않는 정부가 구성되어야 한다.
– 몽테스키외, 『법의 정신』 중에서

• • •

우리가 경험하는 폐해는 민주주의 과잉에서 비롯한다.
– 엘브리지 게리, 1787년 제헌회의 토론 중에서

• • •

'민주주의'는 미국을 비롯해 전 세계 많은 곳에서 거의 일상적으로 널리 쓰이는 단어다. 이를 누가 사용하느냐에 따라 다수결 원칙이나 국민에 의한 통치, 자치권을 의미한다. 그리고 보통은 평등과 자유의 약속을 상징한다. 그래서 거의 항상 긍정적으로 여겨진다.

그러나 놀랍게도 미국 독립선언문이나 헌법에는 민주주의라는 단어가 등장하지 않는다. 미국 건국의 아버지들에게 민주주의란 자칫 폭민정치(暴民政治)로 이어질 수 있는 위험한 사상이었다. 미국 최초의 재무장관 알렉산더 해밀턴(Alexander Hamilton)이나 4대 미국 대통령인 제임스 매디슨(James Madison)은 『연방주의자 논설집(Federalist Papers)』 51호에서 헌법에 대한 지지를 다음과 같이 밝혔다.

"인간이 천사라면 어떤 정부도 필요하지 않을 것이다. (…) 공화정에서는 통치자의 억압에 맞서 그 사회를 수호하는 것뿐 아니라 사회 일부의 부당함으로부터 다른 부분을 지키는 것 또한 매우 중요하다."

지금은 브로드웨이 뮤지컬의 등장인물로 유명한 해밀턴은 제헌회의 토론회에서 상설의회를 제안하며 주장했다. "국민은 쉽게 격동하며 변화하는 존재다. 그들은 판단력이 없거나 옳은 결정을 내리지 못한다. (…) 매년 이러한 대중들을 중심으로 돌아가는 민주주의 의회가 일관성 있게 공공의 이익을 추구할 수 있겠는가?" 제헌회의의 또 다른 대표자인 엘브리지 게리(Elbridge Gerry)는 "우리가 경험하는 폐해는 민주주의 과잉에서 비롯한다"라고 말했다. 헌법 제정에 참여한 많은 이와 마찬가지로 게리도 다수의 결정이 반드시 공정하거나 좋은 정책, 법으로 이어지지는 않는다고 생각했다. 헌법 입안자들 다수는 대부분 시민이 교육이나 종교적 훈련을 통해 올바른 결정을 내릴 능력을 갖출 수 있다고 믿지 않았던 것이다.

이들은 '1인 1표'를 행사하는 순수한 민주주의가 실현되면 다수에 의한 폭정이 일어날 것을 두려워했다. 그들은 대중적인 사상이 반드시 정당하거나 바람직한 것은 아니라는 근본적인 진리를 인지하고 있었다. 예를 들어, 한 학급에서 다수결의 원칙에 따라 피자 파티를 열지 말지 투표에 부친다고 해보자. 기본적으로는 공정한 방식이다. 하지만 다수의 결정에 따라 일부 학생들이 피자를 먹지 못하게 된다면 이는 공정하다고 할 수 없다.

미국 역사에서 많은 경우 대다수가 노예제, 인종차별, 여성 투표권 부정 등과 같은 특정 제도나 정책을 지지하여, 결국 헌법 개정과 법원 결정을 통해 바뀌게 되었다.

1787년 은밀히 작업하던 헌법 입안자들은 '대의민주주의(代議民主主義)' 개념에 입각해 국가 정부 구성방안의 초안을 작성했다. 이에 따라 국민을 위해 행동하고 국민의 의지를 이행할 관료를 선거로 선출하게 된다. 이렇게 선출된 사람들은 (모두 남성이었으며) 올바른 일을 할 분별력을 갖추었다고 간주되었다. 적어도 이론상으로는 그랬다. 투표권은 각 주의 재량에 맡겼다. 하지만 사실상 투표권은 대부분 백인 자산가에 국한되었고, 점차 21세 이상의 백인 남성으로 확대되었다. 물론 여성, 아프리카계 미국인, 아메리카 원주민은 미국 선거에서 오랫동안 배제되었다.

　민주주의는 '국민'을 뜻하는 그리스어 '데모스(demos)'와 '권력'이나 '권위'라는 의미의 '크라티에(kratie)'에서 비롯했다. 민주주의의 가장 오래된 의미는 국민이 권력을 가지고 있다는 것이다. 2,500여년 전 고대 아테네에서 민주주의는 '가장 고귀하고 용감하며 덕 있는 탁월한 존재'를 뜻하는 귀족주의(aristocracy)에 대비되는 개념이었다.

　그러면 '민주주의의 요람'인 고대 그리스, 그중에서도 고대 아테네부터 살펴보자. 2,000년도 전 이 그리스 도시국가에서 세계를 변화시킬 사상이 처음 뿌리내려 서서히 꽃피웠다. 그리스의 민주주의 실험은 결국 사라졌지만, 이로 인해 사라지지 않을 개념이 생겨났다.

　기원전 600년경 아테네는 고대 그리스에서 주도적인 도시국가, 즉 폴리스로 떠올랐다. 다른 그리스 도시국가들과 마찬가지로 아테네도 권력 있고 부유한 남성들이 통치했다. 아테네의 4개 주요 가문 출신으로 구성된 이들 지배층은 언덕에서 아레오파구스(Areopagus)라는 회의를 시작했고, 최고 집정관이라는 뜻의 아르콘(archon)으로 불렸다. 아르콘이라는 단어는 두 가지 친숙한 정치 용어에 사용된다. 먼저 군주제(monarchy)는 '절대 통치'를 뜻하는 그리스어 모나키아(monarkhia)에서 파생되었는데, 말 그대로 '한 사람에 의한 통치'와 단독이라는 뜻의 모노스(monos)와 다스린다는 뜻의 아르카인(arkhein)이 결합한 단어다. 그리고 과두정(oligarchy)은 소수를 의미하는 올리고스(oligos)와 결합한 올리가키아(oligarkhia)에서 유래했

아테네인들은 전쟁의 신 아레스의 이름을 붙인 언덕 아레오파구스에 모여 투표를 했다.
아레오파구스는 그 회의의 이름이기도 하다.

다. 다시 말해, 과두정치는 소수에 의한 통치나 소수가 이끄는 정부를 의미한다.

기원전 621년까지 아테네는 지중해 세계의 부유한 항구도시이자 무역 중심지로 번영을 누렸고, 이 과정에서 권력 다툼도 일어났다. 토지, 무역, 재산, 노예 등 다양한 형태로 이루어진 부의 불균등한 배분 문제는 인류 역사 속 갈등의 핵심이었다. 오늘날 '소득의 불균형'이라 불리는 문제는 아주 오래전부터 갈등의 원인으로 작용했다. 부와 권력을 '가진 자'들은 자신들이 가진 것을 유지하고 훨씬 더 많은 것을 갖고자 했다. 반면에 '갖지 못한 자'들은 가질 게 없었다.

그리스 철학자 플라톤은 『법률』(기원전 360년경)에서 이 문제에 대

악의 패턴

한 견해를 밝혔다. "국가가 내란이 아닌 분열이라는 위험한 역병에 걸리지 않기 위해서는 시민들 사이에 극빈층도 거부(巨富)도 존재해서는 안 된다. 두 경우 모두 이러한 병폐를 초래하기 때문이다. 따라서 입법자는 빈곤과 부의 한계를 정해야 한다."

플라톤은 이상적인 정부가 공정한 사회를 만들기 위해서는 부의 한계를 정해야 한다고 생각했다. 사실 그의 조상 중 솔론이라는 집정관이 기원전 594년 아테네의 부와 권력을 둘러싼 격렬한 갈등 해결에 착수했다. 솔론의 개혁으로 모든 자유민에게 민회 투표권이 부여되었다. 하지만 이보다 중요한 것은 평민들이 노예로 전락하게 되는 주요 원인이었던 부채 탕감책을 제안하고, 아테네 민주주의를 더 많은 평민에게 개방했다는 점이다. 또한 여전히 여성과 노예는 배제되었지만, 상인과 일용 노동자 계층(테테스Thetes를 가리킴―옮긴이)처럼 부유층이 아닌 계층의 남성까지 포함하도록 시민의 정의를 확대했다.

솔론의 개혁은 독특하고 고대 세계에서는 혁명적이기까지 한 조치였지만 이상과는 상당히 거리가 있었다. 시간이 흐른 뒤 정치 논쟁이 점차 심각하게 끓어오르다 마침내 절대권력을 휘두르는 통치자인 폭군, 즉 참주가 권력을 잡게 되었다. 참주(tyrant)는 '합법적으로 무제한적 권력을 행사하는 절대적인 최고 통치자'라는 뜻의 그리스어 '티라노스(tyrannos)'에서 유래한다. 아테네에서 페이시스트라토스라는 출세한 군사 지도자가 평민층의 지지를 받아 기원전 560년부터 사망하기 전인 527년까지 세 번에 걸쳐 권력을 잡았다.

이러한 제도의 문제점을 개선하기 위해 클레이스테네스라는 또 다른 아테네의 집정관이 기원전 508년 민주개혁을 추진했다. 이후 아테네 민주정의 아버지로 불리게 되는 그는 소속 부족이 아닌 거주지에 근거하는 새로운 투표법을 도입해 아테네의 4부족 체제를 깨뜨렸다. 따라서 가장 강력하고 부유한 가문들 사이에서 세습된 권력이 무력화되고, 나아가 아테네의 공적 생활에 참여하는 계층이 확대되었다.

민주정은 이후로 진화를 거듭했지만, 아테네 민주주의 제도에서 직접 회의라는 기반은 유지되었다. 적어도 한 달에 한 번, 공개된 장소에서 모이는 민회는 거수로 결정하는 '직접 민주주의'의 한 형태였다. 지도자들은 무작위 추첨으로 선출되어 1년간 봉사했다. 수천 명의 사람이 공개된 장소에 모여 투표로 도시를 운영하는 방식은 실행하기 어려워 보일 수도 있지만 대체로 잘 작동했다. 분명히 밝히면, 여기서 자유민은 자유민 남성을 뜻했다. 그리스 민주주의에서 여성과 노예는 발언권이 없었다.

그러나 아테네는 곧 국내의 참주보다 더 큰 위협에 직면하게 된다. 세계 역사상 최초의 초강대국 페르시아가 등장한 것이다. 오늘날 이란과 이라크 지역을 기반으로 성장한 페르시아 제국은 인더스 강부터 에게해 일대까지 세력을 확장했고, 기원전 423년 그리스 반도를 목표로 삼았다. 그리스 도시국가들은 거의 반세기 동안 그리스-페르시아 전쟁을 간헐적으로 치르며 페르시아를 막아냈다. 많은 희생을 낳은 이 긴 분쟁의 역사 속에서 테르모필레, 마라톤, 살라미

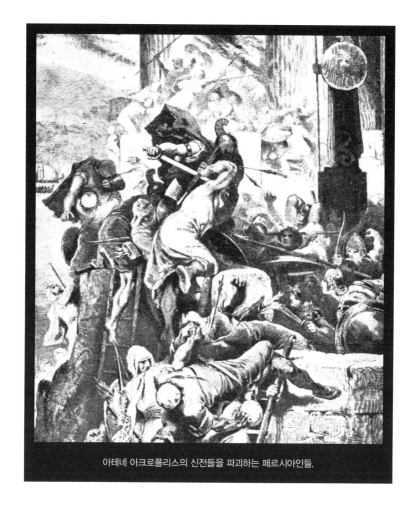
아테네 아크로폴리스의 신전들을 파괴하는 페르시아인들.

스 해전 등 전설적인 전투가 벌어졌고, 서양 역사의 중대한 전투로
지금까지 기억되고 있다. 기원전 480년 페르시아가 아테네를 불태
웠지만, 그리스 세계가 사라지지 않고 아테네의 문화와 정치 제도가
이어졌다는 점에서 궁극적으로는 그리스의 승리였다. 기원전 460년
부터 320년까지 다음 세기의 대부분 기간 민주정을 기반으로 한

추모 연설을 하는 페리클레스.

아테네가 그리스 세계를 주도했다.

하지만 페르시아에 승리를 거둔 뒤에도 그리스 세계에 항구적인 평화가 찾아오지 못했다. 아테네는 펠로폰네소스 전쟁에서 가장 강력한 경쟁국인 스파르타와 맞서 싸웠다. 페리클레스라는 장군이 이끄는 아테네는 전쟁 중에도 민주정을 유지했다. 이는 펠로폰네소스 전쟁에서 전사한 아테네인을 기리는 페리클레스의 연설에서 단적으로 드러난다. 아테네의 장군이자 역사가인 투키디데스는 다음과 같이 기록했다.

악의 패턴

"우리의 정부 형태는 다른 나라의 제도와 경쟁 관계에 있지 않습니다. 우리는 이웃 나라의 제도를 모방하지 않고, 오히려 그들의 본보기가 됩니다. 우리의 정치 체제를 민주정이라 부릅니다. 정권이 소수가 아닌 다수의 손에 있기 때문입니다. 법은 사적인 분쟁에서는 평등한 정의를 보장하지만 능력의 우위 또한 인정합니다. 그래서 탁월한 능력이 있는 시민이 공무에 발탁된다면, 그것은 그의 집안 배경이 아니라 뛰어난 능력에 근거한 것입니다. 가난 또한 장애물이 되지 못합니다. 따라서 아무리 열악한 조건을 가진 사람이라도 국가를 위해 봉사할 수 있습니다."

1935년 워싱턴 DC에 세워진 미국 대법원 건물의 서쪽 페디먼트.

이것이 실제로 페리클레스가 한 연설일까? 일부 역사학자들은 이에 대해 의구심을 표하며, 아테네가 과연 이토록 높은 이상을 실현했을지에도 의문을 품는다. 페리클레스의 연설이 정의와 평등 같은 훌륭한 가치와 더불어 다수가 권력을 공유한다는 민주주의의 기본적인 꿈에 대해 영감을 주었다는 사실은 의심할 여지가 없다. 특히 이 연설의 한 구절은 미국 정부와 법 제도에 담긴 기본 신조로 여겨진다. 고대 그리스 시대에 페리클레스가 제시한 민주주의의 이상을 담은 '법에 의거한 평등한 정의'라는 문구는 미국 대법원 건물 입구에 새겨져 있다.

로마의 상징인 실물 크기의 카피톨리나 늑대상.
암컷 늑대가 쌍둥이 로물루스와 레무스에게 젖을 먹이는 형상이다.
무솔리니는 이 조각상을 전시 동맹국이었던 일본에 주었다.

악의 패턴

펠로폰네소스 전쟁이 수년 동안 지속되는 와중에 불가사의한 전염병으로 페리클레스가 세상을 떠나고 인구의 4분의 1이 감소하면서 아테네는 점차 힘을 잃어갔다. 기원전 338년 이웃 나라 마케도니아의 왕 필리포스 2세가 그리스 대부분 지역을 정복했을 때 아테네의 민주주의 실험은 이미 약해지고 있었다. 그리고 아테네와 그리스 전 지역은 필리포스의 아들 알렉산드로스 대왕이 다스리는 광대한 제국의 일부로 복속되었다. 그리스인들이 자치권을 행사하고 알렉산드로스가 그리스 문화를 그의 제국 전역으로 전파했지만, 그는 페리클레스의 민주적 이상만큼은 수용하지 않았다. 알렉산드로스 대왕의 죽음과 함께 아테네에서 민주주의의 흔적도 사라지고 말았다. 그의 후계자가 아테네의 자치를 끝내버린 것이다. 이제 민주주의가 독재자의 손에 들어갔다.

아테네 민주정이 참주정으로 전락할 무렵, 장화 모양 이탈리아 반도를 기반으로 한 신흥 지중해 강대국에서 또 다른 형태의 민주주의가 부상했다. 로마 건국 전설에 등장하는 로물루스와 레무스라는 쌍둥이 형제는 신화 속 전쟁의 신 마르스와 인간 여성 사이에서 태어난 인간 아들이다. 이 갓난아기들을 위협적인 존재로 느낀, 그들의 삼촌인 왕은 이 쌍둥이 형제를 티베르강에 던졌다. 그런데 어미 늑대가 이 아이들을 익사 위기에서 구해 젖을 물려 살려냈고, 이후 아이들은 어느 양치기 밑에서 자랐다. 형제는 성장해 자신들의 도시를 세웠으나, 그곳을 두고 형제간 다툼을 벌인 끝에 로물루스가 동생 레무스를 죽였다. 로물루스는 그 도시의 이름을 자신의 이름을 따서 로마라고 짓고 초대 왕이 되었다.

리비우스의 『로마사』에서 1세기 내용에 따르면, 전설적인 로물루스의 뒤를 로마 왕들이 이으며 왕정이 계속되었다. 그러다 마침내 로마인들이 군주제를 두 명의 콘술(consul), 즉 집정관제로 대체했다. 이들은 1년간 복무하며 전투에서 군 지휘권을 갖는다. 과거의 왕들은 소규모 회의에서 지명된 반면 집정관들은 선출되었다는 점에서 이 제도는 특별한 변화의 씨앗이 되었다. 변화는 번개처럼 순식간에 일어나지 않았다. 로마인들은 서서히 그리스 모델보다 더 영향력 있는 민주주의의 형태를 발전시켰다.

그들은 오늘날 서구 세계의 대표적인 정부 형태인 공화정을 만들어냈다. 아테네인들이 행했던 직접 민주주의와 달리 대의 민주주의에서는 국민은 의회에서 봉사할 사람을 투표로 선출하고, 그렇게 선출된 국회의원은 법안 투표권을 가진다.

공화정(republic)은 '업무, 일'을 뜻하는 라틴어 'res'와 '공적인'이라는 뜻의 'pubica'가 결합한 단어다. 전통적으로 로마 공화정은 기원전 509년에 시작되었다고 알려졌지만, 그 사실은 전설의 구름에 가려져 있다. 역사학자 메리 비어드(Mary Beard)는 저서 『SPQR』에서 로마 공화정은 "수세기는 아니더라도, 수십 년에 걸쳐 수많은 재창조 과정을 거치며 서서히 탄생했다"면서 오랜 시간을 거친 결과물이라고 밝혔다.

로마 공화정이 진화를 거듭하면서 권력은 점차 집정관에서 원로원으로 옮겨갔다. 원로원(senate)은 라틴어 'senex'에서 유래하는데, 어근 'sen'은 영어의 'senior, senile'처럼 '나이 든' 또는 '노인'을 뜻한다. 로마 왕정 시대의 원로원은 왕의 자문 기구로 존재했을 것이다. 그리고 공화정 시대에 들어 원로원은 로마의 의사결정 기구로 자리 잡으며 '로마의 원로원과 인민(Senatus Populus que Romanus)'이라는 뜻을 지닌, 공화국의 영원한 상징 'SPQR'에 담기게 되었다.

여기서 명확히 할 것은 '로마의 인민'이 모든 로마 사람을 뜻하지는 않았다는 점이다. 아테네처럼 도시의 시민은 두 계급으로 확실히 나뉘었다. 사다리의 꼭대기에는 로마 왕정 시대 의회 의원들의 후손인 귀족 가문 파트리키가 있었고, 그 아래에는 귀족만큼 부와 영향력을 갖지 못한 백성인 플레브스가 있었다. 하지만 모든 플레브스가 동등하지는 않았고, 그 사이에서도 계급과 부에 따라 여러 계층으로 나뉘었다. 플레브스 계층의 대다수는 프롤레타리아, 즉 재산이 없는 노동자 집단이었다. 일부 계급의 여성 중 로마 시민으로 간주된 이들도 있었지만 투표권은 없었다. 그리고 로마 사회의 가장 밑바닥에는 엄청난 수의 노예가 있었다. 대부분은 전쟁 포로였는데, 여기에는 예술가, 음악가, 교사, 비서를 비롯해 로마가 강대국으로 부상하는 데 기여한 숙련된 전문가들도 포함되어 있었다. 로마의 노예들도 아테네의 노예와 마찬가지로 시민권을 가질 권리가 없었다.

파트리키와 플레브스 간의 경쟁은 애초부터 대등한 시합이 아니었고, 그 결과 로마에서는 거대한 불평등이 생겨났다. 로버트 휴즈(Robert Hughes)는 로마의 역사를 다룬 저서 『로마』에 이렇게 썼다.

"공화정 초기에는 파트리키가 국가의 정치·사회 권력을 장악하고 통제했다. 파트리키만이 가장 중요한 원로원 의원직을 비롯해 모든 공직에 선출될 수 있었다. 그리고 그들만이 신관이 될 수 있었다. 반면에 플레브스는 신관이나 집정관직에서 배제되었고, 따라서 원로원에도 진출할 수 없었다. 또한 초기에는 파트리키와의 결혼도 금지되었다. 입법과 종교가 파트리키의 손에 있는 상황에서 플레브스에게 무엇이 남겨졌을까?"

그 답은 바로 군대였다. 로마군의 장군들은 대부분 파트리키 출신이지만, 백인대를 이끄는 하급 지휘관 켄투리오와 대부분의 군단병은 플레브스 계급으로, 기원전 287년 무렵에 이르러서는 정지석으로 파트리키와 완전히 동등한 지위를 얻게 되었다. 그들은 로마군으로서 급여를 받았을 뿐 아니라 전리품 혹은 전쟁의 약탈품을 공유할 수 있었다. 여기에는 점령한 땅과 재산, 소유물, 무엇보다 사람들까지 포함되었다. 붙잡힌 적군을 거래하고 팔면 큰돈을 벌 수 있었고, 이를 통해 일부 평민들은 사회 계급의 사다리를 오를 수 있었다.

군대의 힘을 바탕으로 로마의 영토는 기원전 326년 약 1만 평방킬로미터에서 기원전 50년 200만 평방킬로미터로 확장되었다. "티베르강 유역의 도시국가가 세계 중심부를 통치하기 위해 나아가고 있었다"고 로버트 휴즈는 말한다.

공화국은 전쟁과 침략, 음모, 노예 반란을 거치며 번영하면서 점차 부패하기 시작했다. 기원전 1세기, 로마가 점점 부유해지고 인구가 100만 명에 육박하면서 관리가 점점 더 어려워졌다. 로마의 민주

악의 패턴

주의는 곧 돈에 팔리고 말았다.

원로원 의원이 되는 것은 권력과 부를 얻는 길이 되었다. 로마 정치가들은 공개적으로 표를 사고 공직에 진출하려는 경쟁자들을 위협하기 위해 집단 폭력을 행사하기도 했다. 그래서 공짜 음식과 로마인들이 사랑하는 검투사 경기에서 최고의 오락거리를 제공하는 사람들이 종종 선거에서 승리했다. 이러한 관행을 '빵과 서커스'라고 한다. 그러나 빵을 나눠주고 남자들이 죽을 때까지 싸우는 경기를 연다고 해서 거리를 지저분하게 만들고 식량 부족과 도시 혼란을 야기하는 실업 문제를 감출 수는 없었다.

막대한 부가 도시로 유입되었음에도 로마는 범죄와 굶주림에 시달렸고 낡은 건물에서는 종종 화재가 일어났다. 파트리키와 부유한 플레브스들은 노예 시종들이 운반하는 화려한 의자나 침대를 가마처럼 타고 로마 시내를 이동한 반면, 평민들은 진흙투성이에 오물로 가득한 거리를 걸어다녀야 했다.

로마 평민들은 좁고 붐비는 골목길을 돌아다니는 돼지와 다른 가축들을 피하면서 누군가 창을 열고 요강의 오물을 퍼붓지 않는지 조심해야 했다. 막대한 부로 귀족과 다른 계층이 분리되는 현실, 또 다른 '소득 불평등'의 예를 목도한 많은 로마인은 기존의 질서를 해체하고 원로원의 병폐를 해소할 강력한 권력을 지닌 정치가(strongman)의 출현을 열망하게 되었다.

그들이 원한 것은 독재관(dictator)이었다. 이는 의미가 변한 또 다른 로마어다. 일찍이 로마 원로원은 군사적 위기나 내부 위기가 있을 때마다 6개월간 절대권력을 갖는 임시 정무관인 독재관을 임명했다.

기원전 49년 로마에 새로운 형태의 독재관이 등장했다. 유서 깊은 파트리키 가문 출신의 율리우스 카이사르는 성공한 정치가이자 갈리아 전쟁을 승리로 이끌어 로마의 영웅으로 부상한 출세한 장군이었다. 카이사르의 인기가 나날이 높아지자 그의 권력을 우려한 원로원은 그에게 군대 지휘권을 포기하게 했다.

공화정 시대 로마법에 따르면 장군은 이탈리아 북쪽 국경을 표시하는 얕은 강인 루비콘강을 건널 수 없었다. 그러나 반항적인 카이사르는 기원전 49년 13군단을 이끌고 루비콘강을 건넜다. 로마의 작가 수에토니우스의 기록에 따르면, 이때 카이사르는 유명한 말 "주

윌리엄 홈즈 설리번(William Holmes Sullivan), 〈율리우스 카이사르의 암살〉.

사위는 던져졌다(Alea iacta est)"를 내뱉었는데, 이는 모노폴리 게임처럼 주사위를 던져 기회를 잡는다는 의미다. 오늘날에도 "루비콘강을 건넌다"는 표현은 돌이킬 수 없이 매우 위험한 결정을 내렸다는 뜻으로 사용된다.

원로원은 카이사르가 주사위를 던진 것을 반역 행위로 간주했다. 따라서 그는 체포되거나 죽임을 당해야 했다. 카이사르의 결정은 4년간의 내전을 낳았다. 로마의 지지자들이 달려가 카이사르에게 합류했고, 다른 장군인 폼페이우스는 그를 막으라는 명을 받았다. 폼페이우스 군은 수적 우세에도 불구하고 기원전 48년 그리스 북부에서 벌어진 파르살루스 전투에서 패배하고 말았다. 이에 폼페이우스는 이집트로 도망쳤지만 그곳에서 살해되어 목이 잘렸다. 카이사르에게 최대 정적이었던 자의 잘린 머리는 로마로 보내졌다.

카이사르는 자신을 반대하는 로마인들과 계속 전투를 해나갔지만, 전투에서 연이어 승리를 거둔 데다 충성스런 군인들에게 보상하고 정치인들과 전리품을 나누는 전략을 펼치면서 반대 세력이 점차 약해졌다. 기원전 46년 그는 10년 임기의 독재관에 임명되었고, 2년 후인 기원전 44년 종신 독재관으로 칭호와 임기가 바뀌었다. 이는 말 그대로 종신토록 권력을 행사하는 독재관이라는 의미다. 민주주의가 독재로 넘어간 것이다.

카이사르의 권력이 막강해지면서 그를 살아 있는 신으로 신격화하기 시작해, 동전에 살아 있는 사람의 모습을 새기는 것을 금기시했던 관습을 깨고 로마 동전에 그의 얼굴을 새겨넣었다. 로마 달력이 개정되어, 과거 퀸틸리스(Quintilis)라고 부르던 7월을 카이사르의 이름을 따서 율리우스(Julius)로 바꾸었다. 영어에서 7월을 뜻하는 'July'는 여기서 유래했다.

이에 공화정을 회복하려는 원로원 의원들이 그를 살해할 음모를 세웠다. 3월 15일, 율리우스 카이사르는 원로원에서 칼에 찔려 죽음을 맞았다. 이 장면은 훗날 셰익스피어의 희곡 『율리우스 카이사르』에서 묘사되며 수세기가 지나도록 영원히 기억에 남게 되었다.

카이사르가 살해당한 이후 그의 협력자들이 로마 통치자 자리를 놓고 내전을 벌이며 혼란이 이어졌다. 경쟁자들 간의 싸움은 한때 카이사르의 친구였던 마르쿠스 안토니우스가 결국 율리우스 카이사르의 조카이자 양자인 옥타비아누스에게 패배하며 막을 내렸다. 옥타비아누스는 이후 이름을 카이사르 아우구스투스로 개명하고, 공화정이 아닌 제정(帝政)으로 로마를 통치했다.

로마 공화정의 흥망성쇠는 미국 역사에 큰 영향을 끼쳤다. 건국 세대의 미국 정치인들 다수가 로마를 이상적인 정부 형태로 봤기 때문이다. 그들은 로마 공화정을 훌륭한 사람들이 집단을 이루어 현명하게 통치한 정부 형태로 이상화했다. 조지 워싱턴이 가장 좋아한 연극도 율리우스 카이사르에 맞선 로마 원로원 의원 카토(Cato)의 이야기를 다룬 비극 〈카토〉(1713)였다. 워싱턴은 〈카토〉를 밸리포지(Valley Forge, 독립전쟁 중 13개 식민지 공동방위를 위해 조지 워싱턴을 총사령관으로 하여 결성된 대륙군의 겨울철 주둔지–옮긴이)의 군대를 위해 공연하게 했다.

독립 혁명기에 미국의 애국자들은 신분을 감추기 위해 로마식 필명을 사용했다. 새뮤얼 애덤스(Samuel Adams)는 1768년 발표한 영국 주둔군에 항의하는 기고문에서 'Cedant Arma Togae(무기는 토가에 양보하라)'라는 이름을 사용했다. 이 문구는 로마 공화국의 영웅 키케로의 말로, 군사력 즉 무기는 선출된 대표자들, 즉 토가를 입은 로마 원로원이 통제해야 한다는 의미다.

1775년 3월 5일 보스턴에서 조셉 워렌(Joseph Warren, 미국 독립혁명 지도자, 의사 – 옮긴이) 박사는 양복 위에 흰색 토가를 입고 올드 사우스 교회(Old South Church) 연단에 올랐다. 워렌 박사가 입은 토가는 애국자들의 가면무도회 의상이 아니었다. 그는 영국 통치에 저항하는 비밀애국결사 단체인 '자유의 아들(The Sons of Liberty)' 일원이었다. 건국 세대의 많은 이처럼 워렌도, 로마 공화정이 현명하고 고결한 사람들이 미덕에 따라 국민을 이끄는 이상을 구현한 정부 형태라고 생각했다. 로마에서 일어난 부패와 내분을 생각하면 통탄스러울 정도로 부정확하지만, 그 개념 자체는 확실히 이상적이었다.

미국 헌법이 최종 비준되기 전 1787년과 1788년에 논의 중일 때, 저명한 정치인 제임스 매디슨(James Madison), 알렉산더 해밀턴(Alexander Hamilton), 존 제이(John Jay)는 『연방주의자 논설집(Federalist Papers)』에서 헌법을 옹호하며 '푸블리우스(Publius)'라는 이름을 공동 필명으로 사용했다. 그 밖에도 브루투스, 카토, 킨키나투스(외적의 침입, 반란으로 국가에 위기가 닥쳤을 때 독재관으로 선출되어 위기를 극복한 뒤 임기가 남았는데도 자발적으로 독재관직을 반납한 로마의 정치가 - 옮긴이)같이 유명한 로마인의 이름을 빌려 익명으로 헌법에 대한 지지나 반대 의견을 밝히기도 했다.

조지워싱턴대학교의 호프 그로스만(Hope Grossman)은 이렇게 설명한다. "건국 세대는 로마 공화국을 새로운 국가의 원형으로, 로마 제국은 반면교사로 삼을 실패의 사례로 여겼다. 로마 내전을 다룬 고전 작품 속 묘사를 통해 공화파는 전형적인 영웅이며 반대파는 권력에 굶주린 악당이라는 이미지가 만들어졌고 이는 18세기 후반과 19세기 초반 미국의 정치 수사학에서 흔히 언급되었다."

이것이 1841년 조지 워싱턴을 추모하기 위한 거대한 대리석 조각상을 고전 속 그리스 신 제우스의 이미지로 본떠 만든 이유다. 여기서 조지 워싱턴은 가슴을 드러낸 채 토가를 걸치고 샌들을 신고 앉아 있다. 오른팔을 들어 하늘을 가리키며 왼팔로는 칼집에 든 칼을 칼자루를 앞으로 내민 채 잡고 있다. 이는 워싱턴이 국민에게 권력을 넘기는 것을 상징한다. 키케로의 말처럼 무기를 토가에 양보한 것이다.

미국의 민주주의 형태는 수세기 동안 강력하고도 격렬한 변화를 거치며 서유럽에서 두드러지게 나타났다. 발견의 시대는 유럽인들을 신세계로 안내했다. 종교개혁으로 기독교 세계에서 의심할 나위 없이 유일한 지도자인 교황의 권위가 약화되었고, 구텐베르크의 인쇄술로 성경을 비롯한 여러 책에 대한 접근성이 높아지면서 '정보 혁명'이 일어났고, 읽고 쓸 줄 아는 사람이 점차 늘어났으며, 마침내 일반 대중이 더 나은 교육을 받고 정보를 얻을 길이 열렸다. 현미경과 망원경이 발명되어 보이지 않던 세계를 볼 수 있게 되면서 세계관이 바뀌었고, 아이작 뉴턴(Isaac Newton)을 비롯한 과학자들은 뉴턴의 물리법칙에 근거해 자연의 질서에 의문을 제기했다. '계몽주의 시대'로 불리는 이 시대에 유럽의 많은 사상가가 인권과 자유에 대한 급진적 사상을 펼치기 시작했다.

18세기 중엽에 시작된 산업혁명으로 부와 여기서 파생된 권력을 획득하는 방식 역시 재형성되었다. 부는 더 이상 물려받은 작위와 재산에 한정되지 않았다. 은행가와 양모 상인을 비롯해 자수성가한 많은 이가 새로운 왕자가 되었다. '왕권신수설'에 근거해 통치하던 종교 지도자와 군주들의 패권주의 시대 역시 막을 내리고, 인간의 기본적 자유에 대한 선언이 낡은 질서를 전복하는 새로운 시대가 열렸다. 영국의 철학자 존 로크(John Locke)가 1689년 발표한 사상에서 영감을 받은, 모든 사람이 '생명, 자유, 행복 추구'에 대한 기본권을 누릴 권리가 있다는 개념은 1776년 당시에도 상당히 놀라운 사상이었다.

"이 모든 것은 숨이 멎을 만큼 참신한 사상이었다. 1787년 민주적인 자치 정부는 지구상 어디에도 존재하지 않았다. 왕, 황제, 차르, 대공(大公), 술탄, 무굴 황제, 봉건 영주, 부족장이 전 세계를 지배했다. (…) 미국 식민지 주민들이 독립 투쟁에 나서기 전에 자라면서 동경해온 자랑스러운 영국 헌법은 수세기에 걸쳐 추가되고 진화한 제도와 법률, 판례, 관례, 법언(法諺), 절차, 원칙이 부정확하게 혼재되어 있다. (…) 미국 독립혁명 전까지 누구도 자신들의 성문 헌법에 명확히 투표한 적이 없었다." 아킬 리드 아마르(Akhil Reed Amar)는 헌법사에 대한 저서에서 이렇게 밝힌다.

공화정하에서 권력을 공유한다는 이상을 품은 헌법 입안자들은 1787년 정부에서 과감한 실험에 착수했다. 하지만 그들의 이상주의는 통제 불가능한 폭민 정치와 폭군이라는 양극단에 대한 두려움과 더불어 여성, 아메리카 원주민, 흑인은 동등한 권리를 누릴 자격이 없다는 편견이 동시에 작용해 어느 정도 타협해야 했다. 그래서 그들은 '전, 앞'이라는 뜻의 라틴어 'prae'와 '앉다'라는 뜻의 'sedeo'가 결합되어 만들어진 '앞에 앉다'라는 의미의 단어(praesideō)에서 파생한 '대통령(president)'이라 부르는 행정부 수반에 무제한적 권력을 부여하는 데 신중할 수밖에 없었다. 그 대신 그들은 새로 탄생할 정부의 행정, 입법, 사법의 3부가 동등한 힘을 유지하도록 치밀하게 계산된 견제와 균형 체계를 만들었다. 이 체계의 기본 개념은 1748년 "한 시민이 다른 시민을 두려워하지 않을 정부가 구성되어야 한다"(『법의 정신(De l'esprit des lois)』 중-옮긴이)고 쓴 프랑스 철학자 몽테스키외(Montesquieu)의 주장에 근거한다.

미국 민주주의는 몽테스키외와 다른 계몽주의 사상가들의 영향을 받아 형성되었다. 몽테스키외가 제시한 개념에 따라 헌법 입안자들은 입법부, 행정부, 사법부의 3개 부로 구성되는 미국 정부를 수립했다. 입법부, 즉 의회는 양원(兩院)으로 나뉜다. 로마 원로원의 이름을 딴 상원(Senate)은 인구수와 무관하게 각 주당 2명의 상원의원으로 구성된다. 하원(House of Representatives)의 의석은 각 주의 인구

재뉴어리 슈코돌스키(January Suchodolski), 〈아이티혁명의 생도맹그 전투〉, 1845.
생도맹그 전투는 야자나무언덕 전투라고도 불린다.

수를 기준으로 하는데, 이는 곧 각 주의 인구수에 비례해 일정 수의
대표자를 선출한다는 의미다.

동시에, 과잉 민주주의와 중우정치(衆愚政治)에 대한 두려움으로
또 다른 안전장치를 만들었다. 미국 건국 헌법에서 상원의원은 국민
이 직접 선출하지 않고 주 의회에서 선출했다(이 조항은 1913년 수정
헌법 제17조로 바뀌었다). 그리고 대통령은 직접 민선 투표로 선출되지
않는다. 그 대신 각 주 상하원 의석수의 합에 비례해 선거인을 선출

했으며, 이것이 오늘날 선거인단으로 발전했다.

미국 대선 역사를 살펴보면, 직접선거와 간접선거의 결과는 몇 차례 예외를 제외하고는 대체로 일치했다. 1824년 하원은 4명의 후보가 출마하는 이상한 상황에서 가장 많은 표를 얻은 앤드류 잭슨(Andrew Jackson)을 누르고 존 퀸시 애덤스(John Quincy Adams)를 대통령으로 선출했다. 1876년 러더포드 B. 헤이스(Rutherford B. Hayes)는 직접선거에서는 새뮤얼 틸던(Samuel Tilden)이 이겼음에도 대통령이 되었다. 1888년 직접선거에서는 그로버 클리블랜드(Grover Cleveland)가 이겼음에도 벤저민 해리슨(Benjamin Harrison)이 대통령직을 얻었고, 최근 2000년과 2016년 대선에서도 직접선거의 승자가 간접선거에서 패배했다. 이것이 200여 년 전 직접선거를 두려워한 이들이 고안한 제도의 맹점이다. 이 제도는 헌법의 아버지 제임스 매디슨을 비롯한 헌법 입안자들이 공화국을 건국하면서 노예제도를 법적으로 확고히 하기 위해 만든 것이기 때문이다. 동료 버지니아인들과 미래의 대통령 워싱턴, 제퍼슨, 먼로와 마찬가지로 매디슨 역시 가축 이상의 권리를 갖지 못한 사람들을 노예로 삼았다.

미국은 1776년 혁명으로 탄생한 이래 지금까지 많은 분열의 시기를 헤쳐왔다. 1789년 헌법에 따라 건국한 연방공화국은 지금껏 수차례의 전쟁과 인종·종교 분쟁을 비롯해 남북전쟁, 대공황, 1·2차 세계대전 등 심각한 위기를 겪어왔다. 그러나 이처럼 갈등과 불확실성이 만연하던 시기에도 공화정을 전복하고 거의 무제한적 권력을 장악한 인물로 역사상 가장 유명한 장군인 율리우스 카이사르나 프랑스의 나폴레옹 보나파르트(Napoleon Bonaparte)의 미국판 인물이 출현한 적은 한 번도 없었다.

미국의 견제와 균형 제도는 최악의 시나리오를 방지하는 역할을 했고, 동시에 미국은 다른 혁명과 공화국에 영감을 주었다. 1789년 프랑스는 자유, 평등, 박애(liberté, égalité, fraternité)의 기치 아래 유혈 혁명을 겪었고, 이 슬로건은, 1791년 카리브섬에서 노예들이 노예 소유주에 대항해 폭력 혁명을 일으켜 서반구에서 두 번째로 탄생한 공화국인 아이티에서도 공유되었다. 그리고 이 두 혁명 모두 장기간의 격렬한 갈등으로 이어졌다.

국민이 스스로 통치한다는 개념이 이처럼 좌절을 겪었음에도, 19세기 들어 민주주의가 서서히 수면 위로 존재를 드러내기 시작했다. 19세기 중반 민주 개혁을 요구하는 혁명의 물결이 유럽 대륙을 휩쓸면서, 여전히 군주가 최고 권력을 쥐고 있던 네덜란드, 독일, 이탈리아에서도 새로운 대의 정부(representative government)가 등장하기에 이르렀고 그 상당수는 영국처럼 입헌군주제를 따랐다.

20세기의 문이 열릴 무렵, 민주주의는 유럽에서 탄탄한 입지를 다진 듯 보였다. 하지만 1914년 8월, 온 유럽이 전쟁에 돌입하면서 무너지고 말았다. 미국은 처음에는 중립적인 입장을 견지했지만, 결국 독일과의 전쟁에 뛰어들게 되었다. 1917년 4월 2일, 우드로 윌슨(Woodrow Wilson) 대통령은 의회에 선전포고 승인을 요구하면서 다음과 같이 연설했다. "세계는 민주주의가 안주할 수 있는 곳이어야 합니다. 세계 평화는 정치적 자유가 검증된 토대 위에 단단히 자리 잡아야 합니다. (…) 우리는 인류 권리의 수호자 중 하나일 뿐입니다. 우리는 그러한 권리가 세계 여러 나라의 믿음과 자유만큼 확고히 자리 잡는 데 만족할 것입니다."

처음에는 대전쟁(Great War)이었다 이후 1차 세계대전으로 불리게 되는 이 세계적인 갈등은, 낙관적으로 '모든 것을 끝내기 위한 전쟁'으로도 불리게 된다. 하지만 싸움과 죽음은 세계에 민주주의를 안착시키는 데 거의 도움이 되지 못했다. 그 대신 전 세계에 새로운 세대의 독재자가 등장할 씨앗을 뿌렸다.

악의 패턴

민주주의의 타임라인
고대 아테네부터 1918년까지

기원전

594년 ··· **아테네:** 정치가 솔론이 민주주의의 기초를 닦다.

509년 ··· **로마:** 로마 공화정 수립.

508년 ··· **아테네:** 클레이스테네스가 민주정의 기틀을 다지는 개혁에 착수하다.

462~458년 ··· **아테네:** 페리클레스가 그리스 도시국가에서 민주주의 제도를 강화하다.

460~320년 ··· **아테네:** 아테네에서 직접 민주주의가 실시된 시대.

450년경 ··· **로마:** 모두가 법전에 친숙해질 수 있도록 12표법이 로마 광장에 공식적으로 게시되다.

322년 ··· **아테네:** 마케도니아가 아테네군을 물리치면서 아테네의 민주주의가 종말을 맞고 자치 시대도 막을 내리다.

149~146년 ··· **로마:** 로마군이 3차 포에니 전쟁에서 북아프리카의 라이벌 카르타고를 물리치고, 로마공화국이 지중해 세계의 패권 국가로 부상하다.

63년 ··· **로마:** 카틸리나가 로마공화국 전복 음모를 꾸미다.

46년 ··· **로마:** 카이사르가 10년 임기의 독재관에 취임하다.

44년 2월경 ··· **로마:** 원로원이 카이사르를 종신 독재관으로 선언하다.

44년 3월 15일 ··· **로마:** 카이사르가 암살되다.

27년 ··· **로마:** 카이사르의 후계자 옥타비아누스가 아우구스투스라는 이름으로 로마의 첫 황제로 등극하다.

기원후

1215년 ··· **잉글랜드:** 존 왕이 대헌장(Magna Carta)에 서명하다. 여기에는 군주의 전제정치를 견제하는 내용과 자유민의 자유가 명시되어 있다.

1295년 ··· **잉글랜드:** 에드워드 1세가 전쟁자금 마련을 위해 모범의회를 소집하다. 평민도 포함되었다는 점에서 이 의회는 최초의 대표 의회로 인정받는다.

1517년 ··· **유럽:** 종교개혁이 시작되다.

1535년 ··· **스위스:** 종교개혁에 영향받은 제네바시는 통치 주교를 몰아내고 자유공화국이 되다.

1688~1689년 ··· **잉글랜드:** 명예혁명으로 가톨릭교도 제임스 2세가 축출되고, 그의 딸이자 개신교도인 메리와 그녀의 남편 오렌지공 윌리엄이 왕위에 오르다. 의회에서 권리장전이 통과되다.

1776년 ··· **미국:** 독립선언문 발표.

1787년 ··· **미국:** 미합중국 헌법 제정.

1789년 ··· **프랑스:** 프랑스 대혁명 발발.

1791~1804년 ··· **아이티:** 아이티 혁명 동안 노예들이 노예주와 식민지 지배층에 대항해 반란을 일으키다.

1848년 ··· **유럽:** 프랑스, 네덜란드, 독일, 이탈리아, 오스트리아를 비롯한 유럽 대륙 전역에 민주주의 개혁을 요구하는 혁명의 물결이 휩쓸다.

1861년 ··· **러시아:** 러시아 제국에서 농노가 해방되다.

1861년 3월 17일 ··· **이탈리아:** 리소르지멘토(Risorgimento)로 의회 입헌군주제를 따르는 새로운 이탈리아 왕국이 수립되다.

1861~1865년 ··· **미국:** 남북전쟁으로 헌법 13차 개정이 이루어지고 노예제가 폐지되다.

1912년 2월 12일 ··· **중국:** 군벌들이 반란을 일으켜 중화민국을 선포하고 4개월 후 청 왕조의 마지막 황제가 퇴위하다.

1914~1918년 ··· 1차 세계대전.

1917년 ··· **러시아:** 러시아 혁명이 일어나 차르를 몰아내다.

★ ★ ★ **3** ★ ★ ★

믿고, 복종하고, 싸워라

1922년 10월
이탈리아 총리로
임명된 후의
베니토 무솔리니.

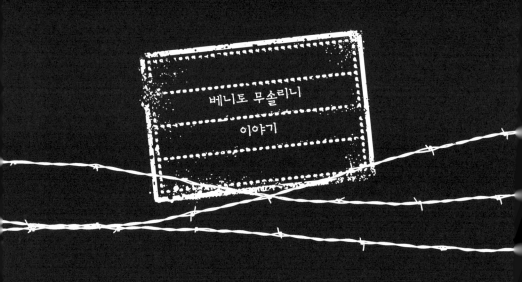

베니토 무솔리니
이야기

우리에게 정권이 주어지지 않는다면, 로마로 진군해 쟁취하겠다.

– 베니토 무솔리니

...

만약 무솔리니가 내일 아침 나를 데리고 나가
총살하겠다고 해도 나는 허풍이라고 여길 것이다.

– 어니스트 헤밍웨이

...

그러자 그들 중 한 명이 내 팔을 잡고 내 번호를 보고는
더 크게 웃었다. 174,000번대가 이탈리아계 유대인인 걸
모두 다 알고 있다. 두 달 전 도착한 이 유명한 유대인들은 모두 변호사,
학위 소지자였는데, 처음에는 100명도 넘었던 사람들이 이제 40명밖에
남지 않았다. 그들은 일하는 방법을 몰랐고, 빵을 도둑맞곤 했으며,
아침부터 저녁까지 얻어맞았다.

– 프리모 레비, 『이것이 인간인가』 중에서

...

1922년 10월 28일
이탈리아 로마

율리우스 카이사르는 전차를 타고 충성스러운 로마 군단을 이끌며 위풍당당하게 로마에 입성했다.

베니토 무솔리니는 야간열차 침대칸을 타고 도착했다.

1922년 10월, 무솔리니가 이끄는 검은셔츠단이 이탈리아 전역에서 로마로 모여들었다. 카이사르에게 승리를 안긴 역전의 13군단과 달리 이 오합지졸 집단은 1차 세계대전 참전 군인들로 이루어져 있었다. 그들 중 일부는 동조하는 군인과 경찰이 빼돌려 건네준 무기를 휘둘렀지만, 그다지 위협적인 광경은 아니었다.

역사학자 블레인 테일러(Blaine Taylor)는 이렇게 썼다. "산탄총, 머스킷 총, 피스톨, 골프채, 큰 낫, 정원용 괭이, 나무뿌리, 식탁 다리, 다이너마이트 막대기, 염장해 말린 대구, 황소의 턱뼈 등 온갖 무기가 보였다! 말, 수레, 트럭, 역마차, 자전거, 심지어 기관총이 장착된 경주용 자동차까지 수송에 동원되었고 (…) 더 많은 사람이 걸어서 수도로 향했다."

이것이 바로 로마 진군, 무솔리니의 파시스트당이 이탈리아 정부를 전복하겠다는 위협 행위였다. 로마 진군은 당시 수상이었던 루이지 팍타(Luigi Facta)가 보통 자연재해나 특정한 적의 위협 같은 일시적인 비상사태에 대응하기 위해 군이 국가를 통제하는 계엄령을 선포할 만큼 이탈리아 정부에 위협적이었다.

이들 검은셔츠단은 무솔리니의 파시스트당에 소속된 보병으로, 1차 세계대전에 참전한 정예부대인 아르디티(Arditi)의 제복을 본뜬 제복을 입었다. 이들 중 일부는 단검과 로마 군단에서 유래한 한 팔

1차 세계대전의 이탈리아군 정예부대 아르디티 대원들.

악의 패턴

을 앞으로 뻗는 경례 방식으로 유명한 돌격대 아르디티의 대원이었다. 그들은 무솔리니의 당에 가입해 "믿고, 복종하고 싸워라"라는 파시스트당의 신조를 열광적으로 추종했다.

1차 세계대전 참전을 앞두고 훈련 중 부상을 입은 베니토 무솔리니는 설득력 있는 웅변가이자 신문사 편집자로서 전국적인 명성을 얻었다. 그는 여론을 형성할 수 있는 말과 이미지의 중요성을 잘 알았다. 1921년 이탈리아 의회 하원의원으로 선출된 그는 웅대한 정치적 야망과 거창한 역사관, 자신에 대한 과도한 자신감을 품고 있었다. 그는 자신이 이탈리아를 지배하기 위해서는 과거 로마제국의 영광을 되살리는 것이 관건임을 잘 알고 있었다.

그는 권력을 쟁취하고 정치적 혼란에 빠진 이탈리아의 질서를 회복한다는 명분으로 검은셔츠단이 로마로 진군하는 광경이 분명한 메시지를 전할 것이라고 생각했다. 율리우스 카이사르가 그랬듯 그의 군대도 '루비콘강을 건널' 것이다. 로마에 집결한 검은셔츠단은 많은 실업자, 탄압받은 이들, 현 정부에 환멸을 느낀 이들로부터 환영받으며 과거의 영광을 재현했다. 파시스트(Fascist)라는 이름은 고대 로마의 상징에서 따왔다. 집정관의 권력을 상징하는 파스케스(fasces)는 막대기 다발 속의 도끼 문양으로, 라틴어 파스키스(fascis)는 '다발'을 의미한다.

1921년 5월 선거에서 파시스트당은 35석을 얻었다. 단독으로 내각을 구성하기에는 부족한 수였다. 다른 정당들과 연립정부를 구성해야 하는데, 이는 곧 권력을 나눠 갖는다는 뜻이었다.

무솔리니는 그런 타협안에는 조금도 관심이 없었다. 1922년 9월, 그는 선언했다. "우리 계획은 간단하다. 우리가 이탈리아를 통치하는 것이다."

1922년 10월 28일 새벽, 폭우가 쏟아지는 가운데 파시스트당의 행진이 시작되었다. 검은셔츠단의 주력 부대가 로마에 접근할 때쯤 다른 파시스트 당원들은 이탈리아 전역의 전화 교환국, 전신국, 우체국과 정부 건물을 점거했다. 수상이 그토록 두려워하던 반란이 일어난 것이다.

진군하는 당원들은 무솔리니가 카이사르와는 달리 주사위를 던지려고도 하지 않았다는 사실을 몰랐다. 무솔리니는 로마에서 몇 시간 떨어진 신문사 사무실 안에서 안전하게 바리케이드를 치고 자신에게 행운이 깃들기를 기다리고 있었다. 행운은 그의 편이었다. 같은 날 아침, 이탈리아의 왕 비토리오 에마누엘레 3세는 총리 팍타가 제출한 계엄

도끼가 없는 파스케스 상징은 미국을 비롯해 많은 곳에서 사용된다.
뉴욕 페더럴홀의 조지 워싱턴 동상과 은화 머큐리 다임에는 하나, 링컨 기념관의 링컨이 앉은
의자에는 두 개가 새겨져 있다. 미국 하원 벽에도 파스케스가 새겨져 있다.

악의 패턴

령 안에 서명을 거부했다. 무솔리니는 게임에서 승리했다는 소식을 들었다.

이탈리아 정규군이 느슨하게 무장한 파시스트들을 진압할 준비를 하는 동안, 소심한 왕은 다음 날 비서에게 밀라노 신문사에 몸을 숨기고 있던 무솔리니를 불러오게 했다. 이탈리아 통일 군주의 손자이자 그의 이름을 물려받은 비토리오 에마누엘레 3세는 무솔리니에게 총리에 취임해 내각을 구성하기를 청했다.

베니토 무솔리니는 비교적 편한 침대차를 타고 로마에 도착했다. 그는 야간열차에서 일찍 내려 말을 타고 들어가며 로마 입성을 상징적으로 마무리하는 방안도 고려했지만, 그 전략을 따르지 않기로 했다. 무솔리니 같은 사람에게도 그것은 지나치게 과장된 행동으로 여겨졌던 것이다. 그는 경호원을 대동하고 먼저 호텔에 들러 옷을 갈아입은 뒤 왕궁에 걸어 들어갔다.

왕은 "목적의식이 확실한 사람"이라고 선언하며 그를 이탈리아 총리로 임명했다.

로마 군중은 거리에 늘어서서 파시스트들이 다섯 시간 동안 가두 행진하는 광경을 지켜봤다. 로마의 3월은 곧 전설이 되었다. 진군에 참여한 검은셔츠단의 수에 대해서는 오랫동안 논란이 이어지고 있지만 3만 명을 넘지는 않았을 것이다. 하지만 파시스트들은 그 수가 훨씬 더 많았다고 주장했다.

나라마다 저마다의 역사와 전설이 있다. 그 전설들은 민족 정체성을 형성할 자랑스럽고 애국적인 서사와 국민을 하나로 통합할 토대가 되는 이야기를 만들어내기 위해 창조된다. 때로는 사실이 아니지만 조지 워싱턴이 벚나무를 베는 이야기처럼 간단하기도 하다. 이런 전설들은 강력하지만 역사와는 다르다.

무솔리니의 로마 진군의 경우 진실은 전설과 사뭇 달랐다. 이는 권력 장악을 위한 쿠데타와는 거리가 먼, 계산된 정치적 쇼였다. 이 부실하고 작위적인 무장 반란으로 죽은 사람은 전국적으로 10여 명에 불과했다. 하지만 훗날 파시스트는 로마 진군에 영웅적 서사를 부여하기 위해 사망자가 수천 명에 달했다고 과장해 선전했다.

무솔리니는 권력을 장악하기 위해 완벽한 판을 짜고 반란의 위협을 과장했다. 그리고 마침내 한 세대의 이탈리아 학생들은 용맹한 파시스트들의 로마 진군이 위기의 이탈리아를 구했다고 '공식적'으로 배우게 된다.

하버드대 교수 스티븐 레비츠키(Steven Levitsky)와 대니얼 지블랫(Daniel Ziblatt)은 "진실은 훨씬 더 평범하다. 전국의 파시스트 당원이 위협적이기는 했지만, 국가 통치권을 장악하기 위한 무솔리니의 책략은 혁명이 아니었다"면서, 비토리오 에마누엘레 3세는 무솔리니를 "정계의 떠오르는 별이자 사회 불안을 잠재울 해결사"로 보았다고 지적했다. 무솔리니는 사회주의자와 공산주의자들을 두려워하는 보수 정치인과 종교 지도자들에게도 지지받았다. "그들은 무솔리니를 자신들이 뒤에 숨어 조종하면서 편리하게 대체할 수 있는 사람으로 판단했다. 하지만 무솔리니는 (…) 연극에 재능이 있었고, 상대의 용기에 대한 존경심이 없는 사람이었다." 매들린 올브라이트

악의 패턴

로마를 행진하는 무솔리니와 검은셔츠단.

(Madeleine Albright) 전 미 국무장관은 이렇게 썼다. 무솔리니는 총
리로서 한 첫 연설에서 의회당을 자신의 검은셔츠단 캠프로 바꿀
수도 있었다고 으스댔다.

무솔리니를 지지한 일부 사람들은 그를 통제할 수 있다고 오판했
다. 그러나 그가 이끄는 파시스트당은 일당통치체제를 확립하며 이
후 23년 동안 이탈리아를 통치했다. 무솔리니가 집권한 직후, 이탈
리아의 한 진보 정치인이 새로운 단어를 만들었다. 전체주의
(Totalitarianism), 즉, 국가가 모든 정치, 경제 문제를 통제하는 정부
라는 뜻이다. 무솔리니는 이 개념을 꽤나 마음에 들어했다.

★

　온 나라를 사로잡은, 이 우쭐대기 좋아하고 쇼맨십 강한 남자는 과연 어떤 사람일까?

　베니토 아밀카레 안드레아 무솔리니(Benito Amilcare Andrea Mussolini)는 1883년 7월 29일, 소도시 프레다피오에서 가난한 대장장이 알레산드로 무솔리니(Alessandro Mussolini)의 아들로 태어났다. 그의 어머니 로사는 교사였고, 가족은 낡은 주택의 방 두 개짜리 2층에 살았다. 로사는 헌신적인 가톨릭 신자였지만, 알레산드로 무솔리니는 사회주의 잡지에 글을 쓰고 마을 술집에서 정치를 논하기를 즐겼다. 열혈 사회주의자였던 그는 큰아들에게 이탈리아 혁명가들에게 널리 존경받는 멕시코 대통령 베니토 후아레스(Benito Juárez)의 이름을 붙여주었다.

　사회주의자라는 말은 오늘날에도 자유롭게 해석되면서 대부분 큰 오해를 불러일으킨다. 1830년경 영국에서 처음 사용된 사회주의라는 용어는 기본적으로 재산과 천연자원, 소득의 분배가 사회적으로 통제되는 제도를 의미한다. 모든 것이 평등하게 공유되는 사회에 대한 생각은 훨씬 더 오래전, 플라톤의 『국가』와 모든 구성원이 노동과 재화를 공유하던 초기 기독교 공동체로 거슬러 올라간다. 이론적으로 순수한 사회주의 체제하에서 모든 생산물은 국민의 소유이며 국민의 필요에 따라 국민에게 이익이 되도록 정부가 분배한다.

　이러한 체제는 중앙 정부가 아닌 개인과 조직이 사회 생산수단을 통제하는 자본주의와 극명한 대조를 이룬다. 중세 후반 유럽에서 점차 진화해 16~18세기에 걸쳐 빠르게 발전한 자본주의 경제하에서는 적어도 이론적으로는 상품과 서비스의 가격과 공급, 배분은 자유시장에 의해 결정되며, 여기에는 상품을 생산한 근로자에게 지급되는 임금과 보상도 포함된다.

이러한 체제에서는 경쟁이 가격을 결정하고, 투자는 자원의 효율적 사용을 기준으로 이루어지며, 부와 재산은 개인이 소유한다. 가장 순수한 형태의 자본주의는 정부가 사적인 개인을 제한하거나 규제하지 않는 자유시장이나 자유방임 자본주의다. 미국을 포함한 대부분의 현대 국가는 어느 정도의 규제를 포함한 혼합 자본주의 체제를 따르고 있다. 이러한 많은 국가에서는 세금을 미국의 사회보장과 같은 국가 차원의 의료 서비스와 연금 등의 사회 서비스에 지출한다.

자본주의의 여러 기본적인 이상들은 1776년 스코틀랜드의 철학자 애덤 스미스가 자본주의의 성경이라고 불리는 『국부론』에서 제시한 개념이다. 스미스는 "모든 사람은 공정한 법을 위반하지 않는 한, 자신의 이익을 자유로이 추구하고 자신의 산업이나 자본으로 다른 사람이나 질서와 경쟁할 수 있다"고 말했다.

20세기 초에 사회주의는 이상적인 경제체제로서 자본주의의 대안으로 부상했다. 이는 가난한 노동자나 대지주의 소작농을 비롯한 무산계급과 같이 노동에 대해 충분히 보상받지 못하는 사람들의 관심을 끌었다. 불평등에 관한 생각은 고대 그리스와 로마 시대부터 중세 농노제를 거치며 계속 이어져왔지만, 가진 자와 못 가진 자 간의 차이는 여전했다.

사회주의 사상은 노동자 계급으로부터 많은 지지를 얻으면서 유럽 정치에서 큰 영향력을 발휘했다. 1848년 독일인 카를 마르크스(Karl Marx)와 프리드리히 엥겔스(Friedrich Engels)가 쓴 『공산당 선언』과 1867년부터 1894년에 걸쳐 발표된 마르크스의 『자본론』은 사회주의 확산에 큰 영향을 미쳤다.

『공산당 선언』은 이렇게 시작한다. "지금까지 사회의 모든 역사는 계급투쟁의 역사다. 자유민과 노예, 세습 귀족과 평민, 영주와 농노, 길드 장인과 직인, 즉 억압자와 피억압자는 부단히 대립해왔으며 때로는 은밀히, 때로는 공개적으로 끊임없이 투쟁을 벌여왔다. 그리고 이러한 투쟁은 매번 전체 사회의 혁명적인 개조나 투쟁 계급들의 공동 몰락으로 귀결되었다."

무솔리니는 아버지의 강한 사회주의 신념에 깊이 영향받았지만, 그의 교육 방향을 이끈 것은 어머니의 가톨릭 신앙이었다. 그는 가톨릭계 기숙학교에 입학했으나 동급생을 주머니칼로 찔러 퇴학당했다. 또 다른 기숙학교에서도 다른 동급생을 찔렀지만 이번에는 정학 처분을 받고 다음 학기에 복학할 수 있었다. 총명했던 무솔리니는 시험에 합격해 교사 자격을 취득했고, 잠시 교사로 일했다.

이 거칠고 폭력적인 젊은이에게 장래 독재자가 될 법한 징후가 보이는가? 그런 것 같지는 않다. 싸움으로 퇴학당하거나 주머니칼로 다른 사람을 공격한 적 있는 모든 소년이 독재자가 된다면, 세상은 독재자로 넘쳐나지 않겠는가.

가르치는 일에 별 흥미가 없던 무솔리니는 글쓰기와 정치에서 자신의 진정한 열정을 발견했다. 19세가 되던 1902년, 그는 카를 마르크스가 새겨진 메달을 들고 이탈리아를 떠나 스위스로 갔다. 1910년 사망한 아버지처럼 무솔리니는 1905년 사망한 어머니의 가톨릭 신앙을 거부하고 헌신적인 사회주의자가 되었다. 당시 무솔리니는 1882년 "신은 죽었다"고 선언한 독일의 작가이자 철학자, 유명한 무신론자인 프리드리히 니체의 저서도 읽고 있었다.

무솔리니는 니체의 '초인'(Übermensch, 영어로 superman이라고 한다 – 옮긴이) 사상에도 푹 빠져 있었다. "나는 사람들에게 그들의 존재가 갖는 가치, 즉 초인을 가르치고자 한다."(프리드리히 니체, 『차라투스트라는 이렇게 말했다』) 여기서 초인은 만화책이나 할리우드 블록버스터 영화에서 특별한 옷을 입고 총알보다 빠르게 움직이는 슈퍼히어로가 아니라, 종교의 제약(사후 세계에 대한 약속)을 벗어던지고 현세에서 진정한 의미를 찾을 수 있는 우월한 개인을 말한다.

니체는 무솔리니와 히틀러가 권력을 잡기 전에 죽었지만, 그들은 니체의 사상 일부를 훗날 파시스트와 나치를 움직인 '지배민족' 사상의 근간으로 삼았다. 사회주의와 초인 사상에 사로잡힌 무솔리니는 카리스마 넘치는 매혹적인 연설가이자 재능 있는 작가라는 명성을 얻었다. 하지만 스위스 경찰은 그의 능력을 그리 인정하지 않았다. 베른시 당국은 그가 5월 1일 집회에서 총파업을 촉구한 이후 12일 동안 그를 수감했다. 그 뒤 그를 추방했지만, 무솔리니는 즉시 기차에 올라 베른의 명령이 적용되지 않는 스위스 로잔으로 향했다. 하지만 무솔리니는 회피하려 했던 군 복무를 이행하기 위해 이탈리아로 돌아왔다. 그는 제대 후 교직에 복귀한 뒤에도 사회주의 운동을 계속했다. 몇 차례 수감과 석방을 거친 뒤 새로운 사회주의 계열 신문《계급투쟁(La Lotta di Classe)》의 편집자가 되었고, 이후 이탈리아의 주요 사회주의 기관지《전진(Avanti)!》의 편집장으로 임명되었다.

1914년 전쟁을 외치는 목소리가 전 유럽에서 점점 더 높아지고

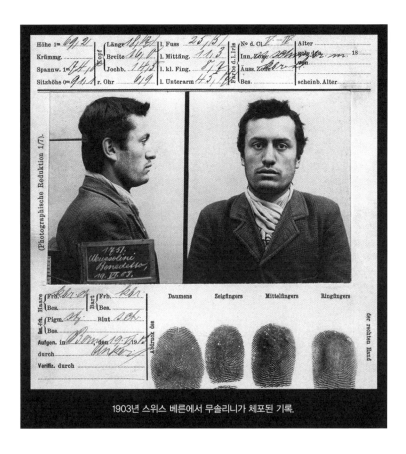

1903년 스위스 베른에서 무솔리니가 체포된 기록.

있었다. 대다수 사회주의자처럼 무솔리니도 임박한 전쟁에 대해 반대의 목소리를 높였다. 많은 빈민층과 노동계급은 이 전쟁을 자신들의 제국을 확장하려는 왕과 국가 지도자들 간의 투쟁으로 봤다. 그들은 결국 자신들이 나서서 싸워야겠지만 이를 통해 얻을 것이 거의 없다는 사실을 알고 있었다. 그랬기에 이탈리아 사회주의자들은 이탈리아가 중립을 지키기를 주장했다. 그러나 8월에 전쟁이 발발하고 몇 달 후 무솔리니는 입장을 바꾸었다. 그는 프랑스의 패배는 유럽의 자유에 치명타가 될 것이라고 설득하며 연합국에 합류할 것을 주장했다. 그는 《전진!》 지를 그만두고 새로운 신문 《이탈리아 인민(Il Popolo d'Italia)》을 창간했다. 사회당은 그를 추방했다.

대중의 지지를 얻기 위해 많은 나라가 전쟁을 국가의 위대한 명예가 달린 십자군 원정으로 포장하려 했다. 이탈리아를 비롯한 몇몇 나라에서는 애국심과 민족주의에 호소했다. 무솔리니는 독일의 동맹국인 오스트리아-헝가리 제국의 이탈리아 영토를 탈환하기 위해서는 이탈리아가 전쟁에 참전해야 한다고 주장했다. 무솔리니는 전쟁을 사업에 이용하려 하는 이탈리아 무기 제조사들로부터 은밀히 자금을 받았기 때문에 자신이 그런 주장을 펼친다는 사실을 공개적으로 밝히지 않았다.

1915년 5월 이탈리아가 참전을 선언한 뒤 무솔리니는 《이탈리아 인민》에 글을 썼다. "오늘부터 우리는 모두 이탈리아인, 하나 된 이탈리아인이다. 강철이 강철을 만났으니, 우리의 마음에서 하나의 외침이 터져 나온다. 비바 이탈리아(이탈리아 만세)!"

1차 세계대전 중 이탈리아 보병 휘하의 저격병 부대 베르살리에르(Bersagliere) 제복을 입은 무솔리니.

그는 군대에 징집되어 이탈리아 북부와 오스트리아 국경을 따라 흐르는 이손조강 근처의 전선에서 복무했다. 그러다 훈련 중 참호에서 우발적인 폭발 사고로 중상을 입고 몇 달 동안 병원에 입원해 있었다. 회복 기간에 부상자들을 공식적으로 방문한 이탈리아 국왕 비토리오 에마누엘레 3세를 접견했고, 이는 훗날 파시스트 선전을 통해 그 중요성이 더욱 강조된다. 1917년 6월 병원에서 제대한 그는 신문사로 복귀했다. 그해 가을 이탈리아가 처참하게 패배한 후 전국적으로 반전 (反戰) 정서가 팽배해지자, 영국 정보국은 이를 잠재우기 위해 무솔리니에게 은밀히 자금을 지원하기 시작했다. 이탈리아가 동맹을 유지하면 독일과 오스트리아-헝가리 제국과의 전쟁에서 영국에 도움이 되기 때문이었다.

1918년 11월 전쟁이 끝났을 때 무솔리니는 새로운 시각의 글을 썼다. 이탈리아는 50만 명이 넘는 전사자를 냈고, 그보다 많은 사람이 부상을 입거나 장애인이 되었으며, 이로 인해 빈곤층과 노동자 계급이 큰 타격을 입었다. 그럼에도 이탈리아는 다른 승전국처럼 새로운 영토를 보상받지 못해, 조롱하듯 "명예로운 패배자"로 불렸다. 무솔리니는 이탈리아의 회복을 위해 "인정사정없이 행동할 무자비하고 정력적인" 인물, 니체의 초인과 매우 흡사한 지도자의 등장을 촉구했다. 훗날 무솔리니는 파시스트 당원들에게 "지적이며 강한 의지가 있는 자만이" 국가의 운명을 결정할 권리가 있다고 말했다.

그가 권력을 잡기 전의 이탈리아는 유약한 왕과 통치 능력을 상실한 의회와 더불어 가난과 실업, 범죄, 부패 문제로 거의 마비 상태였다. 바이마르 공화국의 독일처럼 1차 세계대전 이후 이탈리아는 심각한 사회적 불평등, 사회주의 폭동의 확산에 따른 두려움에 시달리고 있었다. 많은 이탈리아인이 이탈리아가 승전국의 편에 서서 싸웠음에도 전리품 배분 과정에서 뒤통수를 맞았다고 느꼈다.

1919년 3월, 무솔리니와 참전 군인 동지들은 약 300명의 당원으로 '전투단(Fasci di Combattimento)'이라는 정당을 창당했다. 그 이름은 고대 로마의 상징(파스케스Fasces를 가리킨다－옮긴이)을 연상시켰다. 파시스트들은 폭력적인 사회주의자에는 반대하지만 빈곤층과 노동자 계급을 지지한다고 주장하며, 사회주의 운동이 확산되는 가운데 분노하는 실직 상태의 참전 군인들을 불공정한 전쟁에 속은 피해자라고 부르며 호소하기 시작했다. 정예부대 아르디티 대원을 포함한 이들 전직 군인들은 검은 셔츠와 바지, 빨간 원통형 모자(fez)를 단복으로 입고 이동하는 행동대를 조직했다. 무장한 검은셔츠단은 이탈리아 전역의 정적을 공포에 떨게 했다. 정치학자 스티븐 레비츠키와 대니얼 지블랫은 이렇게 설명한다. "포퓰리스트들은 반체제적 정치인으로, 자신들을 '대중의 대변자'로 주장하며 부패하고 계략을 꾸미는 엘리트라고 묘사하는 대상에 대한 전쟁을 벌인다. 포퓰리스트들은 기존 정당을 비민주적이고 심지어 비애국적이라고 공격하며 그 정통성을 부정한다. 그들은 유권자들에게 기존 제도가 실제로는 민주적이지 않으며 엘리트층의 전유물로 전락하고 부패하거나 조작되었다고 말한다. 그리고 그 엘리트층을 매장하고 권력을 '인민'에게 돌려주겠다고 약속한다."

그들은 선거에서 승리한 포퓰리스트들이 종종 민주주의를 공격하고 권위주의로 나아간다고 경고하면서, 권위주의자의 표지를 네 가지로 정리했다.

- ★ 민주주의 규범을 거부한다.
- ★ 정적의 정당성을 부정한다.
- ★ 폭력에 대해 관용을 표하거나 이를 장려한다.
- ★ 언론을 비롯한 시민 자유권을 축소하려 한다.

무솔리니는 이 네 가지를 모두 보여준다.

더욱 무자비해진 무솔리니는 권위주의자가 권력을 잡기까지의 교과서적 예시를 보여주기 시작한다. 전기작가 R. J. B. 보스워스(R. J. B. Bosworth)에 따르면, 파시스트당은 "경쟁 정당의 활동을 금지하고 그 지도자들을 멋대로 감금하거나 추방해, 1922년 전후로 2,000명에서

3,000여 명의 정적을 살해했다". 그리고 "자유 언론을 탄압하고 비(非)파시스트 계열 노동조합을 청산하고 법치를 무시하며 비밀경찰을 후원하고 이탈리아인들이 서로 감시하고 고발하도록 독려했다."

무솔리니 총리는 로마 진군 후 정치적 이익을 위해 폭력을 적극적으로 활용했다. 유권자들을 위협하고 기만한 덕분에 파시스트당은 1924년 선거에서 압도적으로 다수 의석을 확보할 수 있었다. 선거 후 지아코모 마테오티(Giacomo Matteotti)라는 저명한 사회당 정치인이 납치되어 대기 중이던 차에 갇혔다. 납치되기 며칠 전 마테오티는 파시스트가 저지른 기만과 폭력을 강하게 비난했고, 입법부가 선거 무효를 선언하게 하도록 노력을 기울이고 있었다. 그리고 두 달 후 그의 부패한 시신이 발견되었다.

마테오티가 파시스트 행동대에 의해 살해되었다는 증거가 있음에도 불구하고 왕은 아무 조치도 취하지 않았다. 저명한 정치인, 사업가, 바티칸의 사제를 비롯해 이탈리아에서 가장 영향력 있는 엘리트들 또한 무솔리니가 강한 정부를 만들어 점점 커지는 사회주의의 위협을 억눌러주기를 바라며 그를 지지했다.

정적과 때로는 사제에게까지 행해진 파시스트의 폭력과 대중을 사로잡은 성공은 파시스트가 추구하는 것을 감추었다. 무솔리니의 발언에서 파시즘은 "모든 것이 국가를 위한 것이고, 국가 외에는 아무것도 없으며, 어떤 누구도 국가에 반대하지 않는" 제도를 의미했다. 이는 모호한 표현을 통해 만들어낸 혼란스러운 연막이었다.

1925년 크리스마스이브, 이미 영도자라는 뜻의 '두체(Il Duce)'로 불리기 시작했던 무솔리니는 '정부의 수반(Capo del governo)'이라는 칭호를 받았다. 1926년 무렵 '두체'는 이탈리아를 일당 국가로 탈바꿈시킴으로써 권력을 공고히 했다. "나, 그리고 나 자신만이 책임이 있다"고 그는 주장했다. 이제 파시스트당이 지배하는 의회에서는 법안이 입안되면 신속하게 통과되었다. 법원 또한 무솔리니의 명령에 기꺼이 따를 친정부 판사들로 채워졌다.

무솔리니가 국가를 장악하게 된 데는 선전의 역할이 컸다. 파시스트가 언론을 완전히 장악하고 무솔리니 개인에 대한 숭배를 확대한 덕분이었다. 개인숭배는 정권이 대중매체, 선전, 도로와 건물에 인물의 이름이나 사진 걸기, 강렬한 애국심 고취, 지도자에 대한 영웅적이거나 신적인 이미지를 만들어내기 위한 시위나 집회 같은 방법을 동원하면서 이루어진다. 과도한 아첨과 칭송이 수반된다는 점에서 개인숭배는 "과장된 명성"이라고도 부를 수 있다.

무솔리니는 이상의 방법을 모두 사용했다. 그의 사진이 전국 방방곡곡에 걸렸고, 친정부 신문과 잡지는 그의 영웅적인 모습이 담긴 사진을 실었으며, 모든 출판물은 무솔리니의 사전검열을 거쳤다. 파시스트 편집자들이 이탈리아의 주요 신문들을 통제했고, 야당 성향의 신문은 폐간되거나, 편집자나 기자들이 파시스트 행동대에게 구타당하면서 지하로 숨어들어야 했다. 기자들은 파시스트의 통제를 따르는 작가 단체에 합류해야 했다.

무솔리니는 당시 대중오락으로 부각하기 시작한 영화의 중요성도 빠르게 인지했다. 파시스트가 지배하는 정부는 극장마다 파시스트가 제공한 뉴스 영상을 상영하게 했다. 그리하여 영화를 보러 간 이탈리아인들은 무솔리니가 새로운 프로젝트에 전념하고, 전쟁 영웅과 파시스트 순교자의 무덤에 화환을 바치고, 평상복을 입고 말을 타거나 근사한 흰색 양복을 입고 작업을 감독하는 모습 등 끝도 없이 이어지는 뉴스를 보게 되었다. 이는 개인숭배 활동으로, 무솔리니는 파시즘의 얼굴이 되었다. 한 정당 지도자는 말했다. "파시즘은 정당이 아닌 종교다. 그것이 나라의 미래다."

파시스트의 통제는 세계에서 가장 오래된 대학교들을 비롯한 이탈리아 전국의 대학교로 확대되었다. 1932년 파시스트는 교수들에게 "국왕과 그 후계자, 파시스트 정권에 신의를 다할 것"을 서약하는 충성 맹세를 요구했다. 1,200명의 대학교수 중 단 12명만이 맹세를 거부했다. 그들은 일자리를 잃었다. 자신의 사상과 정책에 반대하는 것이면 무엇이든 잠재우기 위해 독재자라면 반드시 사용하는 전략은, 교육을 통제하고 자유로운 사상을 없애는 것이다. 지식인, 예술가, 작가를 겨냥한 압박과 폭력이 바로 그 전략의 핵심이다.

심지어 이탈리아 달력도 파시스트 선전의 도구가 되었다. 무솔리니는 로마 진군일 외에도 로마제국 건국을 기념하는 국경일도 제정했다. 또한 로마가 이탈리아에 속하게 된 날과 외국에서 들어온 사회주의식 기념일이라는 이유로 노동자의 날을 폐지했다. 18세기 프랑스 혁명력(프랑스 혁명기인 1793년부터 12년간 사용한 달력으로 한 달을 모두 30일로 평등하게 나누고 나머지 5~6일은 축제일로 삼았다—옮긴이) 방식을 도입해, 로마 진군의 달을 첫 달로 하고 전통적인 날짜에 로마

1931년 파시즘의 기념물로 건립된 밀라노 중앙역에는 파스케스를 비롯한 고대 로마의 상징이 다양하게 배치되어 있다.

숫자를 더해 파시스트 연도를 표시했다.

무솔리니는 나라 밖의 많은 정치인으로부터 박수갈채를 받았고, 그중에는 히틀러에 대항해 십자군 원정을 이끈 영국 전시 내각의 수상 윈스턴 처칠(Winston Churchill)도 있었다. 세계 지도자들은 1917년 블라디미르 레닌(Vladimir Lenin)과 볼셰비키당이 주도한 러시아 혁명 이후 공산주의의 위협이 커지는 가운데 이에 대항할 세력으로 무솔리니를 환영했다. 처칠은 이후 무솔리니가 히틀러와 손잡으면서 입장을 바꾸지만, 1917년 로마를 방문한 뒤 무솔리니에 대해 감탄한 듯 말하기도 했다.

악의 패턴

이탈리아가 전진하는 나라로 세계 무대에 등장하면서 무솔리니의 인기는 더욱 높아졌다.

무솔리니 치하에서 군대는 신무기로 재무장하여 이탈리아는 곧 지중해 최강의 해군을 갖게 되었다. 실업자들의 일자리 창출을 목표로, 로마의 고대 유적을 발굴하기 위한 구획 정리 사업을 비롯해 대규모 공공사업이 추진되었다. 1920년대에는 이러한 발굴 사업을 통해 카이사르가 암살될 때 원로원이 회합을 갖던 폼페이우스 극장과 사원 네 곳이 세상이 모습을 드러냈다.

무솔리니의 파시스트가 통치하던 시기의 유산 중 지금까지 존속하는 것으로 밀라노 중앙역이 있다. 1931년 완공된 이 건물은 무솔리니의 고집에 따라 날개 달린 말 등 정교하게 조각한 신화 속 동물들과 로마 SPQR(55쪽 참조) 상징으로 장식되었다. 이 건물은 또한 파시스트당의 상징으로 사용된, 고대 로마의 힘과 권위를 상징하는 파스케스가 장식되어 있다.

하지만 무솔리니의 이탈리아에도 몇 가지 진정한 성과는 있다. 이

올리베티 타자기.

탈리아의 발명가와 산업가들은 세계에서 가장 빠른 프로펠러 수상 비행기와 1933년에서 1935년 사이에 대서양 서쪽을 오가는 최단 기록을 보유한 여객선 렉스(Rex)를 개발했고, 피아트(Fiat) 자동차와 올리베티(Olivetti) 타자기 같은 이탈리아 제품은 세계 시장을 주름 잡으며 현대 디자인의 표준이 되었다.

당시 세계에서 가장 유명한 이탈리아인은 무선통신의 개척자이자 1909년 노벨 물리학상 수상자인 굴리엘모 마르코니(Guglielmo Marconi)였다. 1차 세계대전이 끝난 후 마르코니는 이탈리아 대표단 일원으로 1919년 베르사유 평화회담에 참석했다. 『마르코니: 세계를

무선통신 개발로 노벨 물리학상을 받은 굴리엘모 마르코니는 훗날 무솔리니의 충실한 지지자로서 국제적 명성을 얻었다.

망으로 연결한 남자(Marconi: The Man Who Networked the World)』의 저자 마크 라보이(Marc Raboy)에 따르면, 이 유명 발명가는 1차 세계대전에서 패배한 오스트리아–헝가리 제국의 일부에 대한 이탈리아의 점유권 주장에 미국 대통령 우드로 윌슨(Woodrow Wilson)의 지지를 구했다고 한다. 이 주장이 무시되자 마르코니는 무솔리니에게 지지를 보냈다. 그리고 파시스트가 이탈리아의 위엄을 회복해주길 바라며 1923년 파시스트당에 가입한다. 최근 연구에 따르면, 1930년대 초반 마르코니는 무솔리니가 "우리 민족의 천재성을 발전시키고 그로 인한 해외 진출을 지원하기 위해" 만든 이탈리아 아카데미에 유대인 과학자들의 가입을 막기도 했다.

무솔리니는 일상생활의 오락거리이자 선전 도구로서 스포츠의 가치를 잘 알았다. 1933년 이탈리아인 복서 프리모 카르네라(Primo Carnera)가 헤비급 세계 챔피언이 되자 환호했다. 세계 챔피언이라는 타이틀이 오늘날보다 훨씬 더 가치 있던 시절이었다.

다음 해 이탈리아는 세계축구선수권대회인 월드컵을 개최했다. 파시스트 정권하에서 축구는 이탈리아의 자존심을 세우는 수단으로 적극적으로 홍보되었다. 전후 세계에서 이탈리아 스포츠가 명성을 얻음에 따라 이탈리아의 입지를 군히기 위해 세리에 A(Serie A)로 알려진 국내 축구 리그도 창설되었다. 이탈리아 스포츠 역사가 사이먼 마틴(Simon Martin)은 다음과 같이 설명한다. "그 목적은 두 가지였다. 첫째, 국가 정체성 의식을 고취하고, 두 번째는 최고에 대항할 수 있는 국가대표팀을 구성할 경쟁력 있는 구조를 만들기 위한 것이다. (…) 그 세대는 1934년 이탈리아가 월드컵을 개최하고 우승을 차지하며 꽃을 피웠다."

무솔리니는 월드컵을 자신의 정권하에서 이루어낸 이탈리아의 성과로 보여주어 선전 도구로 삼으려 했다. 그리고 원하는 것을 얻었다. 세계 무대에 진출하고 승리를 거둔 것이다. 1938년 이탈리아는 또다시 챔피언이 되었다. 미국 대통령이 스포츠 챔피언을 백악관으로 초대해 자부심과 애국심을 표현하듯, 무솔리니도 승리한 선수단을 로마로 불러 환영 행사를 열었다.

파시스트 청소년단 '발릴라'에 소속된 이탈리아 소년들. 파시스트 통치에 대한 이탈리아 어린이들의 충성도를 고취하기 위해 실시된 전국적인 프로그램의 일환으로, 제복의 'M'은 무솔리니를 뜻한다.

무솔리니는 현대적이며 강한 국가라는 이탈리아의 이미지를 창조해내는 데 성공한 데 이어, 미래를 통제할 수 있는 또 다른 핵심 동력원에도 주목했다. 무솔리니 자신과 당에 충성할 새로운 세대, 즉 어린이였다. 파시스트는 이탈리아 어린이를 위한 클럽과 서비스를 만들었다. 소년 대상의 체력단련과 군대식 훈련에 초점을 맞춘 파시스트 청소년단은 6세에 시작해 21세까지 이어졌다. 8세부터 13세까지의 소년들은 청소년단 중 가장 규모가 크고 유명한 발릴라(Balilla)에 속했다. 영국의 장군 로버트 베이든 파월(Robert Baden-Powell)이 창설한 보이스카우트를 모델로 했지만, 전직 아르디티 대원인 레나토 리치(Renato Ricci)가 지도하던 발릴라는 군대 성격이 더 강했다. 발릴라의 십계명 마지막 조항은 "영도자 각하는 언제나 옳다(Il Duce ha sempre ragione)"였다. 이들 청소년단은 예민한 어린 소년들에게 군인 놀이를 하게 한 것 외에도 더 큰 목적이 있었다. 온 국민이 파시즘에 충성하도록 사상을 주입하는 것이었다. 전기 작가 보즈워스는 다음과 같이 말한다. "결국 전체주의 국가로서 소위 '무솔리니 세대'라고 불리는 모든 이탈리아인을 동원할 청소년 단체 네트워크를 만든 것이다." 6세부터 7세까지의 어린아이들은 로마의 시작을 떠올리는 이름 '늑대의 아이들(Figli della Lupa)'에 속했다. 8세부터 13세까지의 소녀들은 '이탈리아 소녀단(Piccole italiane)' 소속으로 가정생활과 모성의 중요성을 교육받았다. 14세부터 17세까지의 소년은 '선봉대(Avanguardisti)'에 등록되었고, 18세부터 21세까지의 젊은 남녀는 각각 '젊은 파시스트'라는 뜻의 '지오바니 파시스티(Giovani fascisti)'와 '지오바니 파시스테(Giovani fasciste)'에 속했다.

모든 체육관과 캠프마다 아이들이 휴대할 총이 비치되어 있었다. 극장에서 상영되는 뉴스에서는 제복을 입은 이탈리아 어린이들이 줄 서서 행진하는 모습을 보여주었다. 보즈워스는 이렇게 썼다. "이탈리아 반도의 많은 마을 광장에서 지오바니 파시스티 대원 한 사

1936년 로마-베를린 추축을
선언한 무솔리니와 히틀러.

악의 패턴

람이 라이플총을 선봉대원에게 건네면, 다음으로 발릴라, 마지막으로 늑대의 아이들 대원에게 건네는 의식이 중요하게 반복되었다. 이를 통해 전투 생활의 횃불을 들고 있다는 단호한 메시지를 전하는 것이다."

전쟁은 무솔리니가 새로운 이탈리아 제국을 건설하기 위해 선택한 핵심 경로였다. 베르사유 조약에서 거의 아무것도 얻지 못했으므로, 그는 이탈리아의 몇 안 되는 식민지 영토를 북부 아프리카에서 확장하고자 했다.

1935년 새로운 식민지에서의 통제권을 확립하기 위해 최신 무기로 무장한 10만 명의 군대를 에티오피아(당시 아비시니아)로 파병했다. 역사학자 로버트 휴즈(Robert Hughes)는 이렇게 썼다. "기관총, 폭탄, 독가스를 앞세운 이탈리아와 수동식 라이플총으로 무장한 반나체 부족의 싸움은 절망적일 정도로 불공평했다. 이탈리아는 아비시니아에 압도적 승리를 거둔 뒤 군대를 동원해 사막에 우뚝 솟은 스핑크스처럼 거대한 무솔리니 석상을 만드는 등 선전 활동을 통해 완승을 강조했다." 이렇게 에티오피아는 새 이탈리아 제국에 합병되었다.

1936년부터 1939년 스페인 내전 동안 무솔리니는 7만 명이 넘는 이탈리아군을 파견해 우파 지도자 프란시스코 프랑코(Francisco Franco) 장군을 지원했다. 프랑코는 1931년 스페인에 세워진 민주공화국에 맞서 쿠데타를 일으켜 나라를 점령했고, 이 쿠데타는 50만여 명의 목숨을 앗아간 내전으로 이어졌다. 무솔리니와 또 다른 독

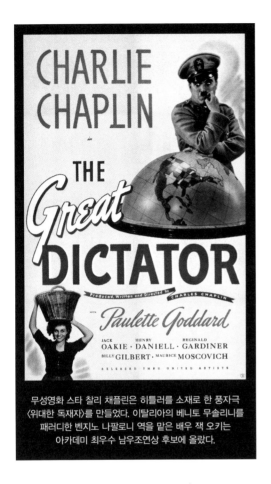

무성영화 스타 찰리 채플린은 히틀러를 소재로 한 풍자극 〈위대한 독재자〉를 만들었다. 이탈리아의 베니토 무솔리니를 패러디한 벤지노 나팔로니 역을 맡은 배우 잭 오키는 아카데미 최우수 남우조연상 후보에 올랐다.

재자인 독일의 아돌프 히틀러는 모두 프랑코를 지지했다.

무솔리니의 야망은 히틀러라는 강력한 새 파트너로 그를 이끌었다. 나치 치하에서 독일의 발전을 지켜본 무솔리니는 이탈리아 언론에 친독 노선을 취하도록 명령했다.

1936년 10월, 두 독재자가 로마-베를린 축에 비공식적으로 동의하면서, 같은 부류인 두 영혼 사이에 새로운 관계가 성립되었다.

1938년 5월 히틀러가 로마를 방문했을 때 무솔리니는 이탈리아 수도에서 그를 정복 영웅으로 성대하게 환영했다. 히틀러에게 큰 영향을 받은 영도자 무솔리니는 1938년 나치의 뉘른베르크법을 모방해 이탈리아 유대인의 시민권을 박탈했다. 1939년 5월 22일, 독일과 이탈리아는 강철 조약으로 동맹을 공식화했다.

이제 2차 세계대전이 불과 몇 달 앞으로 다가왔다.

악의 패턴

베니토 무솔리니는 20세
기 전반 세계 역사의 흐름
을 바꾼 최악의 독재자로
꼽히지는 않는다. 하지만
그는 장차 일어날 일에 대
한 발판을 마련한 무자비
한 폭군이었다. 무솔리니
가 먼저 등장해 히틀러에
게 본보기로서 영감을 준
것이다. 하지만 곧 그는 히

1938년 독일 베를린에서 함께 차를 타고
시가행진 중인 무솔리니와 히틀러.

틀러의 그늘에 가려지게 된다. 찰리 채플린의 1940년 풍자극 〈위대
한 독재자(The Great Dictator)〉는 히틀러를 모델로 찰리 채플린이 연
기한 아데노이드 힝켈의 우스꽝스러운 조수 벤지노 나팔로니라는
인물을 통해 무솔리니를 조롱했다.

하지만 실제 히틀러와 무솔리니는 우스꽝스러운 구석이 조금도
없었다. 히틀러가 유럽에서 힘을 키워가면서 무솔리니는 존재감이
점차 약해졌다. 하지만 무솔리니의 대담한 로마 진군은 독일 총통
(führer)에게 좋은 본보기가 되었다. 무솔리니는 반대파를 뿌리 뽑기
위해 폭력과 살인을 서슴지 않았고, 그가 한 나라를 성공적으로 장
악하는 과정을 지켜본 히틀러는 독일에 비슷한 방법을 동원했다.

무솔리니가 히틀러보다 먼저 권력을 잡았고 그의 사례가 히틀러
에게 영감을 주었지만, 결국 그는 히틀러의 우호적인 동맹 중 하나

로 여겨지게 되었다. 그리고 히틀러가 저지른 반인륜적 범죄에 있어 자신의 일정 지분에 대해 책임을 져야 했다. 무솔리니의 행동으로 인한 직접적인 사망자 수는 히틀러보다 훨씬 적지만 무솔리니는 리비아와 에티오피아에서 금지된 화학무기를 사용했으며, 이후 수천 명의 이탈리아 유대인이 나치 수용소에서 죽게 했다.

'유대인 이탈리아 국민'인 젊은 화학자 프리모 레비는 1943년 12월 파시스트에 붙잡혀 이탈리아 북부의 임시 수용소로 보내졌다. 그곳에서 그를 비롯해 다른 이탈리아 유대인들은 폴란드에 위치한 나치 수용소 아우슈비츠로 보내졌다. 그 여정이 무엇을 의미하는지 이미 많은 이가 알고 있었다. 프리모 레비는 아우슈비츠에서 살아

1945년 4월 25일의 무솔리니. 죽기 전 최후의 사진이다.

악의 패턴

남아 훗날 이탈리아를 떠나기 전날 밤에 대한 글을 남겼다.

"모두 자신에게 어울리는 방식으로 저마다의 삶과 작별했다. 기도하는 사람, 일부러 술에 취하는 사람, 마지막으로 욕정에 취하는 사람도 있었다. 하지만 어머니들은 여행 중 먹을 음식을 정성스레 준비하고 아이들을 씻기고 짐을 쌌다. 새벽 무렵에는 빨아서 바람에 말리려 널어둔 아이들의 옷으로 철조망이 빼곡히 찼다. 그들은 기저귀, 장난감, 쿠션, 그 밖에 어머니들이 아이들이 늘 필요로 한다고 기억하는 수백 가지 자질구레한 물건도 잊지 않았다. 당신도 똑같이 그렇게 하지 않았겠는가? 당신과 당신의 아이가 내일 죽임을 당한다고 해서 오늘 아이에게 먹을 것을 주지 않을 수는 없지 않은가."(프리모 레비, 『이것이 인간인가』)

무솔리니가 독일과 동맹을 맺음으로써(훗날 일본도 포함된다) 이탈리아도 2차 세계대전에 휘말리게 된다. 1943년 7월 연합군이 이탈리아 전역의 도시를 폭격하고 시칠리아 상륙작전을 펼치며 무솔리니의 통치는 막을 내리게 되었다. 그의 지나친 야망이 실패를 자초한 것이다.

연합군이 시칠리아에서 진격해오면서 무솔리니는 파시스트 장관들에 의해 축출되어 구금되었다. 로마의 새 정부는 연합군과 비밀리에 평화협상을 시작했고, 1943년 9월 이탈리아는 공식적으로 항복하고 남은 전쟁 기간 동안 연합군에 합류했다. 히틀러는 독일군에 이탈리아 점령을 명하고 특공대를 파견해 무솔리니를 구해낸 뒤, 독일이 북부 이탈리아에 세운 독일 괴뢰국의 독재자로 취임하게 했다.

1945년 4월 연합군이 이탈리아를 통해 북부로 진격해오자, 무솔리니는 독일군 호송차를 타고 스위스로 도망가려 했다. 나치는 물론 파시스트와도 싸운 이탈리아 파르티잔(partisan, 유격전을 수행하는 비정규군-옮긴이)들이 호송 차량을 수색해 무솔리니와 그의 수행원들을 붙잡았다. 무솔리니의 최후의 날에 대해서는 설명이 분분하지만, 그는 1945년 4월 28일 그의 정부와 다른 파시스트 수뇌부와 함께 파르티잔에 의해 처형되었다. 그들의 시신은 밀라노 시내 중심부 광장의 반쯤 무너진 차고 앞에 던져졌고, 시민들은 그 시신에 돌과 채소를 던지고 침 세례를 퍼부었다. 그런 다음 그들의 시신은 더 많은 군중이 볼 수 있도록 거꾸로 매달렸다. 무솔리니의 시신은 이후 아무 표시도 없이 매장되었다가 파시스트 숭배자들에 의해 발굴되어 수년간 숨겨져 있었다. 1957년 그의 유해는 프레다피오의 가족 묘지에 안장되었고 지금은 파시스트의 이미지로 장식되어 있다. 지금도 무솔리니를 기리며 마을에 찾아오는 방문객이 이어지며, 그가 죽은 날에는 더욱 많은 추모객이 찾는다.

베니토 무솔리니는 권력을 잡기 위해서라면 수단과 방법을 가리지 않은 독재자였다. 그는 자신이 무자비하고 폭력적이며 비타협적인 인간임을 입증했다. 다른 독재자들처럼 그는 스스로 반대파를 죽이고 국가를 통치하면서 세계를 전쟁의 구렁텅이에 몰아넣지는 않았다. 하지만 그는 모든 단계를 오를 때마다 공범들의 전폭적인 지지를 받았고, 그들 중 일부는 무솔리니보다 더 살인광이었다. 그는 다른 정치인과 사업가, 종교 지도자들로부터 지지를 받기도 했다. 일단 무솔리니가 권력을 잡으면 그들이 통제할 수 있다고 생각했기 때문이었는데, 이는 역사에서 반복되는 치명적인 실수였다. 정부를 장악한 무솔리니는 권력이 더 많은 권력을 가져다준다는 사실을 잘 알았다. 하지만 무솔리니가 권좌에 오르기도 전에 영국의 역사가 액튼(John Emerich Edward Dalberg-Acton) 경이 남긴 명언처럼 "권력은 부패하기 쉽고 절대권력은 절대적으로 부패하기 마련이다. 위대한 사람은 거의 다 나쁜 사람이다".

타임라인
베니토 무솔리니의 일생

1883년 7월 29일	베니토 무솔리니, 북동부 이탈리아의 작은 도시 프레다피오에서 출생.
1915~1917	1차 세계대전 참전.
1919년 3월	전투단(Fasci di Combattimento) 결성.
1921년 5월	무솔리니, 이탈리아 하원의원으로 선출되다.
1922년 10월 28일	파시스트당의 로마 진군.
1922년 10월 30일	이탈리아 왕이 무솔리니를 수상으로 임명하다.
1925년 12월	의회가 무솔리니의 이름을 딴 내각에 권력을 이양하다.
1934년 6월	무솔리니와 히틀러, 베네치아에서 만나다.
1935년 10월	이탈리아가 에티오피아(아비시니아)를 침공하다.
1936~1939	스페인 내전: 이탈리아는 군대와 전투기, 무기를 보내 프란시스코 프랑코(Francisco Franco) 장군을 지원한다.
1938년 5월	히틀러가 일주일간 로마의 무솔리니를 방문하다.
1938년 9월	무솔리니 내각이 이탈리아 유대인의 시민권을 박탈하다.
1943년 7월 10일	연합군의 이탈리아 공격이 시작되다.
1943년 7월 25일	무솔리니, 수상 직에서 경질되다.
1945년 4월 28일	무솔리니, 처형되다.
1946년 4월	무솔리니의 유해가 은밀히 묻힌다. 그 이후 고향의 가문 지하 묘지에 안장되었다.

CHAPTER

★ ★ ★ 4 ★ ★ ★

엄청난 거짓말

1936년 8월 올림픽 성화가
주경기장에 들어오고 있다.
성화 봉송은 이제 올림픽
전통으로 자리 잡았다.

아돌프 히틀러
이야기

대중은 작은 거짓말보다 큰 거짓말에 더 잘 속는다.
– 아돌프 히틀러, 『나의 투쟁』 중에서

· · ·

보통의 독일 군인으로서 초인적인 의지력을 발휘해 15년간 노력을 기울인 끝에
독일 민족의 통일을 이루어냈고 베르사유의 사형선고에서 해방되었다.
– 아돌프 히틀러

· · ·

우리는 침묵하지 않을 것입니다. 우리는 당신을 불편하게 하는
나쁜 양심입니다. 백장미단은 당신이 평화롭도록 두지 않겠습니다.
– 레지스탕스 백장미단의 전단에서

· · ·

독일 국민이 나치의 계획을 거리낌 없이 받아들이고 자발적으로
그 집행에 참여하지 않았으며 이 시점까지 그로 인한 큰 혜택을 누리지 않았다면
현재 유럽은 이처럼 완전하고 철저하게 파괴되지 않았을 것이다.
– 라파엘 렘킨, 『점령된 유럽에서의 추축국 통치(Axis Rule in Occupied Europe)』 중에서

· · ·

1936년 8월
독일 베를린

세계의 눈이 베를린으로 향했다. 1936년 히틀러는 세계를 매료시키고 싶었다. 그리하여 독일에서 열리는 올림픽이라는 세계 무대 데뷔 파티에서 방문객을 현혹할 계획을 세웠다. 그는 부활한 국가가 만들어낸 경이로운 건축물의 장엄함을 자랑하고, 1차 세계대전 패배의 잿더미에서 일어난 자랑스러운 독일의 모습을 뽐내려 했다. 그리고 자국의 가장 우수한 선수들의 실력을 보여주는 것이다.

새로 건설된 만(卍) 자 문양이 드리워진 경기장에서 독일 선수들은 그의 도전적인 선언이 진실임을 입증할 것이다. 독일은 '셈족', '황인종', '흑인종'보다 우월한 지배 인종인 '아리아인'의 고향이다. 소위 이러한 '인종' 중 인류를 이롭게 한 모든 진보에 공이 있는 아리아인으로서 게르만족은 동유럽을 아우르는 광대한 제국을 통치할 만한 생물학적 우월성을 부여받았다고 히틀러는 주장했다.

많은 독일인이 그의 주장에 동의했다. 베를린에 모인 군중은 경기가 시작되자 일제히 팔을 뻗어 나치식 경례를 하며 "하일 히틀러"(Heil Hitler, 히틀러 만세라는 뜻–옮긴이)라고 외쳤다.

하지만 제시 오언스(Jesse Owens)라는 뛰어난 아프리카계 미국인 젊은이는 이러한 생각을 반박하겠다는 계획이 있었다. 다들 육상 경기에서는 독일 팀의 압도적 우위를 예상했다. 그러나 10만여 석의 경기장을 가득 채운 붉은색과 검은색의 나치 깃발 물결 속에서 제시 오언스는 트랙에 오른 모든 순간을 지배했다.

"오언스가 경기를 마쳤을 때, 히틀러가 주장한 아리아인의 패권주의 신화는 아프리카계 미국인 노예의 손자이자 소작농의 아들에 의해 단숨에 무너지고 말았다. 그는 100미터와 200미터 단거리, 멀리

베를린 올림픽 개막식에서 독일인 수천 명이
일제히 나치식 경례를 하고 있다.

악의 패턴

베를린 올림픽에 출전한 제시 오언스.

뛰기, 400미터 계주에서 금메달 4개를 따는 놀라운 성적을 거두었다. 점수는 오언스 4 대 히틀러 0이다." 스포츠 칼럼니스트 래리 슈워츠(Larry Schwartz)는 이렇게 썼다.

제시 오언스는 놀라운 성과를 거두었지만 이처럼 역사적인 승리도 역사의 흐름을 바꿀 수는 없었다. 올림픽은 나치의 효과적인 선전 도구였음이 입증되었다. 오언스의 눈부신 활약에도 불구하고 독일은 금메달 33개를 포함해 참가국 중 가장 많은 89개의 메달을 획득했다. 히틀러의 전기 작가 이언 커쇼는 이렇게 썼다. "히틀러의 독일은 기꺼이 세계의 관람객에게 문을 활짝 열었다. 대부분 깊은 인상을 받고 고국으로 돌아갔다."

경기를 위해 베를린에 온 많은 이들이 독일의 청결함과 독일인의 질서의식에 깊은 감명을 받았다. 《뉴욕 타임스》 특파원은 베를린 올림픽을 "역대 가장 성대하고 화려한 운동 경기"로 표현했고, 미국 올림픽 위원회장은 독일 선수들의 헌신에 감탄했다. 그러나 베를린을 방문한 많은 외국 선수들은 '바람직하지 않은 것'들이 거리에서 철거되어 수용소에 배치되었다는 사실을 몰랐다. 그리고 이후 두 번의 올림픽이 취소되리라고는 생각도 하지 못했다. 2차 세계대전으로 1940년과 1944년 올림픽이 취소된 것이다.

1936년 베를린 올림픽이 열렸을 때는 히틀러가 총리에 임명되고 독일을 장악하기 위해 제국의회 방화 긴급명령(Reichstagsbrand-verordnung, 일명 '국민과 제국 보호를 위한 긴급명령'으로 불리며, 이로 인해 국민의 인권이 합법적으로 제한되었다 – 옮긴이)을 통과시킨 지 3년이 조금 지난 때였다. 하지만 그는 거의 순식간에 무소불위의 권력을 손에 넣었고, 그 과정에서 그의 정적 수백 명이 암살되었다. 그는 힌덴부르크 대통령이 죽은 뒤 대통령직을 폐지하고 자신이 총통(führer)임을 선언하며 나치 정부를 수립했다. 커쇼는 이렇게 썼다. "히틀러 개인에 대한 숭배가 지금껏 보지 못한 수준의 우상숭배로 이어졌고, '국민의 총리'로서 수백만의 새로운 개종자를 만들어냈다."

그렇지 않았다면 1차 세계대전의 이 놀라운 생존자가 어떻게 이토록 빠르게 한 국가를 사로잡아 권력을 장악하고, 베를린에서 눈부신 쇼를 펼친 강력한 지도자로서 적어도 한동안은 전 세계 많은

악의 패턴

1차 세계대전 당시 바이에른 제16예비보병연대 동료들과 함께한 아돌프 히틀러(맨 오른쪽).

이들에게 깊은 인상을 줄 수 있었겠는가?

아돌프 히틀러는 1889년 4월 20일, 알로이스와 클라라 히틀러 부부 사이에서 당시 오스트리아-헝가리 제국의 영토였던 오스트리아 브라우나우암인 지방 잘츠부르크 포르슈타트의 3층 건물 위층 집에서 태어나 세 살까지 그 집에서 살았다.

히틀러의 아버지 알로이스는 1837년 농부의 딸인 마리아 시클그루버(Maria Schicklgruber)의 사생아로 태어났다. 알로이스 시클그루버의 아버지가 누구인지는 알려지지 않았다. 히틀러의 할아버지가 유대인이라는 설도 있지만, 이를 뒷받침할 명확한 증거는 없다. 알로이스가 다섯 살 때 그의 어머니가 가난한 마을 남자와 결혼하면서 성이 바뀌었다. 기록에 따르면 1876년 알로이스는 게오르그 히틀러의 아들로 공식적으로 인정받아 히틀러라는 성을 사용하게 되었다.

폴 햄(Paul Ham)은 히틀러의 혈통에 대해 이러한 견해를 밝혔다. "알로이스가 원래의 성인 시클그루버를 유지했다면 히틀러가 권좌에 오르는 일은 상상도 하기 어렵다. 수십만 명의 독일인이 오른팔을 들고 '하일 시클그루버!'라고 외치는 광경은 우습고 어색하기 짝이 없다. 이것이 이름의 힘이다."

무솔리니와 달리 히틀러는 꽤 유복한 가정에서 자랐다. 그의 아버지는 오스트리아 세관 공무원으로 수완이 좋았다. 커쇼에 따르면, 고압적이고 고집이 센 알로이스 히틀러는 "거드름 피우고, 위세를 떨고, 엄격하고, 유머 감각이라곤 없으며, 인색하고, 굉장히 꼼꼼하며, 맡은 일은 열심히 하는" 사람이었다. 그의 어머니 클라라는 하녀로 일하다 알로이스를 만났다. 그는 두 아이를 둔 홀아비였고, 클라라는 그의 세 번째 아내가 되었다. 클라라와 알로이스는 세 아이를 낳았는데, 모두 아돌프가 태어나기 전에 죽었다. 그래서 클라라 히틀러는 살아남은 아들의 안녕을 위해 헌신했다. 히틀러의 부모는 훗날 에드문트라는 또 다른 아들을 낳았지만 여섯 살에 홍역으로 죽었고, 파울라라는 딸을 또 낳았다. 히틀러는 자신이 "어머니가 애지중지하는 자식"이었다고 회상했다.

"자기 방식을 따르지 않으면 굉장히 화를 냈다. 그는 아무도 믿지 않았고 매우 무정했다. 그리고 사소한 일에도 갑자기 화를 내며 폭발하곤 했다." 히틀러의 이복형 알로이스 주니어는 어린 시절을 이렇게 회상했다.

히틀러가 태어났을 때 50세가 넘었던 그의 엄격한 아버지는 요구 사항이 많은 관리자 유형이었다. 알로이스는 사춘기 아들을 때렸는데 당시로서는 드문 일이 아니었다. 어린 시절 매를 맞고 자랐다고 해서 독재자가 된다면 이 세상에는 잔혹한 독재자가 판을 칠 것이다.

히틀러는 어린 시절부터 미국 서부를 무대로 아파치족 귀족 전사 비네토우(Winnetou)와 그의 독일인 동료 올드 새터핸드(Old Shatterhand)가 펼치는 환상적이고 낭만적인 모험 이야기를 그려낸, 카를 마이(Karl May)가 쓴 인기 소설의 열렬한 팬이었다. 친구들이 자라면서 소설에 흥미를 잃자, 히틀러는 자기보다 어린 소년들을 모아 마이가 그려낸 미국 서부 이야기를 바탕으로 전쟁놀이를 했다.

학창 시절 히틀러는 반항적이고 다소 불량한 아이였다. 전반적으로 학업 성적이 좋지 않은 열등생이었던 그는 유일하게 그림 그리기에 흥미를 보였고, 미술 성적이 좋지 않았음에도 화가가 되기를 꿈꿨다. 아버지는 이를 못마땅하게 여기며 터무니없는 생각이라고 하면서, 아들이 존경받는 공무원이 되기 위해 준비해야 한다고 주장했다. 히틀러의 예술적 야망을 둘러싼 부자간의 갈등은 매질과 학대로 이어졌다. 이로 인해 그는 어른이 되어서도 발끈해 화를 내는 성격이 되었고 그런 성격은 끈질기게 지속되었다.

1903년 아버지가 죽은 뒤 히틀러는 성적 미달로 학교에서 퇴학당했다. 다른 학교에 입학했지만 독일어와 수학에서 낙제했다. 이때까지만 해도 예술가의 꿈을 포기하지 않았던 그는 결국 학교를 중퇴했다. 어머니에게는 기말 성적표를 잃어버렸다고 말했는데 학교 감독이 나중에 성적표를 발견했다. 히틀러가 성적표를 화장실 휴지로 사용한 것이었다.

아무 전망도 없었던 10대의 히틀러는 이언 커쇼가 묘사했듯 "기생충처럼 나태한" 시간을 보냈다. 그를 애지중지하는 어머니의 보살핌 아래 집에서 그림을 그리고 책을 읽고 위대한 예술가가 되는 몽상을 하며 허송세월했다. 1904년 가톨릭 신자임을 확실히 했지만, 이후 모든 종교관을 부인했다. 훗날 그는 이렇게 털어놓았다. "열세 살, 열네 살, 열다섯 살의 나는 더 이상 아무것도 믿지 않았다. 확실히 내 친구들 중 누구도 소위 영성체라는 것을 믿지 않았다."

히틀러의 꿈은 1907년 빈 미술 아카데미에 불합격하면서 산산이 부서졌다. 그런데도 그해 말에 어머니가 돌아가신 후 뚜렷한 계획 없이 빈으로 이사했다. 1909년 스무 살의 실패한 예술가였던 미래의 총통은 쉼터에 자리를 얻으려 줄을 섰다. 집도 절도 없는 빈털터리에 구걸로 연명해야 할 처지로 전락한 히틀러는 엽서에 빈의 풍경을 수채화로 그렸고 친구가 그 엽서를 관광객들에게 팔아 약간의 돈을 벌었다.

빈에 있는 동안 히틀러는 다음의 두 가지 사상으로부터 정치적 영향을 크게 받았다. 첫 번째는 독일의 인종차별주의적 민족주의로, 훗날 히틀러가 받아들인 '게르만 지배인종설'의 근거가 되었다. 두 번째는 유대인을 독일 중산층과 하위층의 적으로 규정한 빈 시장 카를 뤼거(Karl Lueger)의 반유대주의였다. "위대한 빈이 위대한 예루살렘이 되게 둘 수는 없다!" 뤼거는 선언했다. 전기 작가 폴 햄에 따르면 뤼거는 "'새로운 팔레스타인'에 맞서 기독교를 지키기 위해 싸우고 있었고 이들 '예수 살인자'들에 대한 가톨릭의 오랜 증오를 정기적으로 자극했다". 이는 사실 로마인에 의해 십자가에 못 박혀 죽은 예수의 죽음에 대한 책임이 유대인들에게 있다는 잘못된 생각에 근거해 수세기 동안 많은 기독교인이 유대인에 대해 사용해온 증오 표현이다.

스물네 살에 아버지의 유산을 상속받은 히틀러는 오스트리아의 징병을 피해 1913년 독일 뮌헨으로 이주했다. 1914년 초, 당국에 붙잡힌 히틀러는 가난을 호소했다. 그리하여 징병 위원회는 그를 '무기를 다룰 체력 미달'을 사유로 '군 복무 부적합자'로 판정했다. 훗날 그는 이 기록을 감추려 노력했다.

하지만 1914년 8월 전쟁이 발발하자 히틀러는 독일군에 지원했고 바이에른 보병대에 배치되었다. "낙엽이 떨어지기 전에 고향에 돌아갈 수 있다"는 독일의 최고 군 통수권자 카이저 빌헬름 2세의 약속과 함께 전쟁의 열기가 한창 고조되고 있었다.

열정을 품고 입대한 또 다른 독일 젊은이는 훗날 당시 분위기를 이렇게 묘사했다. "우리는 하나의 크고 열정적인 집단으로 똘똘 뭉쳤다. 우리는 전쟁에 도취되어 있었다. 피와 장미꽃의 환상에 젖은 채 비처럼 쏟아지는 꽃잎을 맞으며 출정했다. 전쟁은 우리가 원하는 바로 그것을 제공했다. 위대하고 압도적이며 신성한 경험. 우리는 전쟁이야말로 남자답고, 꽃이 만발한 가운데 피에 젖은 벌판에서 벌이는 '유쾌한 총격전'처럼 생각한 것이다." 독일군으로 참전한 에른스트 윙거(Ernst Jünger, 독일의 작가. 1차 세계대전 주요 전투에서 활약해 훈장을 받았으며, 이후 나치에 반대하는 글을 썼다 – 옮긴이)는 회고록에 이렇게 썼다.

'유쾌한 총격전' 같은 건 없었다. 살벌한 전투가 진흙탕 참호 속에서 4년간 이어졌다. 그 삭막한 전선을 마주한 병사 대부분은 농장과 공장에서 온 소년에 지나지 않았다. 전쟁의 마지막 해, 1차 세계대전 중 사망자 수는 1918년 독일인 40만 명을 비롯해 전 세계 수백만 명이 사망한 세계적인 전염병 스페인 독감으로 더욱 늘어났다.

그러나 히틀러에게 전쟁은 에른스트 윙거가 "유쾌한 총격전"이라 부른, 바로 그것이었다. 단 열흘간의 훈련과 실전 연습을 거친 뒤 히틀러와 그의 연대는 프랑스로 배치되었고, 그는 서부전선에서 가장 위험한 보직인 연락병으로 복무했다. 연락병은 도보나 자전거로 본부의 명령을 참호 안의 지휘관에게 전달하는 임무를 띤다. 다른 연락병과 마찬가지로 히틀러도 그의 부대가 서부전선에서 가장 격렬한 전투에 참여하면서 적의 포화에 고스란히 노출되었다. 한번은 히틀러가 떠나고 불과 몇 분 만에 지휘소에 포탄이 떨어져 그곳에 있던 많은 참모들이 죽기도 했다. 1916년 10월, 그는 연락병 대피호에서 터진 포탄 파편에 왼쪽 허벅지 부상을 입고 독일의 적십자병원에 두 달간 입원해 있었다.

히틀러는 전쟁 중 그가 받은 최고 계급인 상병으로 진급했고, 1918년 8월 전투에서의 용맹함을 인정받아 1급 철십자 훈장을 받았다. 1918년 10월, 독일의 피해가 커지면서 전쟁도 막바지로 치달아갔다. 영국의 겨자가스(1차 세계대전 중 사용된 화학무기의 한 종류–옮긴이) 공격으로 일시적으로 눈이 먼 히틀러는 부상이 심하지 않은 동료에게 의지해 후퇴했다. 1918년 11월 12일 독일의 항복 소식이 전해졌을 때 그는 군 병원에 입원해 있었다. 히틀러는 겨자가스를 "이 세기의 가장 비열한 악당"이라고 불렀다.

전쟁이 무솔리니를 바꾸어놓았듯, 1차 세계대전 참전은 히틀러의 인생에서 전환점이 되었다. 이언 커쇼는 이렇게 말한다. "히틀러라는 인물을 가능하게 한 것은 1차 세계대전이었다. 전쟁을 겪지 않았더라면, 패전의 굴욕과 혁명으로 인한 대격변을 겪지 않았더라면 실패한 예술가이자 사회 낙오자는 정치에 뛰어들어 일생을 바칠 무언가를 찾지 못했을 것이다. (…) 그리고 전쟁과 패전, 혁명의 상처가 없었더라면 (…) 이 선동가는 자신의 증오에 찬 말을 들어줄 청중을 찾지 못했을 것이다."

1919년 6월 발표된 베르사유 조약에 따라 독일은 그 조항들을 강제로 받아들여야 했고, 이에 많은 독일인처럼 히틀러 역시 분개했다. 새로운 독일 정부인 바이마르 공화국은 330억 달러라는, 당시로서는 천문학적인 전쟁 배상금을 지불해야 했고, 이는 독일을 깊은 부채의 수렁으로 몰아넣었다. 독일은 해외 식민지도 포기하고 프랑스와 폴란드에 양도해야 했다.

히틀러는 독일에 강요된 쓰라린 고통에 분노하고 괴로워했다. 1919년 9월, 30세의 히틀러는 민족주의와 반유대주의 노선을 따르는 독일 노동자당 모임에 참석했다. 히틀러는 처음에는 그들을 감시할 목적으로 군대에서 심은 정보원이었으나, 히틀러의 열정적인 연설에 감명받은 당 의장은 그에게 입당을 권했다.

그 무렵 히틀러는 1차 세계대전에서의 패배, 사회주의의 위험, 유대인의 역할에 대한 사고를 뚜렷하게 구체화하고 있었다. 한 달 전 볼셰비즘에 '감염된' 부대원들을 재교육하는 '교관'으로 일하면서 이러한 생각을 발전시키게 된 것이다.

"얼마 안 가 히틀러는 청중의 심금을 울릴 수 있었다. 그의 연설은 병사들이 수동성과 냉소주의에서 벗어나도록 고무했다. 히틀러는 능력을 마음껏 발휘했다. 태어나서 처음으로 자신이 절대적으로 성공할 일을 발견한 것이다. 그는 아주 우연히 자신의 가장 뛰어난 재능을 알아차렸다. 그것은 바로 자신이 말했듯 '연설' 능력이었다." 커쇼는 이렇게 썼다.

당은 그가 뮌헨의 맥주홀에서 분노를 터뜨릴 수 있게 해주었고, 그는 이내 당의 가장 인기 있는 연설자로 명성을 날리며 독일의 무솔리니로 불렸다. 독일 노동자당은 국가사회주의 독일 노동자당으로 당명을 바꾸었고, 1921년 7월 히틀러가 당수가 되었다.

급진적이고 새로운 독일의 질서를 요구하면서 무력하고 무능한 현 민주 정권을 대체해 영광스런 독일을 부활시키는 비전에 대해 열변을 토하는, 이 반항적이고 특이한 상병의 연설을 들으러 많은 군중

연설 연습하는 히틀러(1927년).

이 몰려들었다. 히틀러는 민주주의가 폐지되고, 모든 국민이 국가를 위해 사심 없이 봉사하고 개인의 권리보다 국가의 이익을 우선시한 다면 위대한 독일이 회복될 것이라고 비전을 제시했다. 히틀러는 독일 민족의 우월함을 주장하며, 이처럼 국가가 약해진 것은 항복에 책임 있는 자들(베르사유 조약에 서명한 이들을 가리킨다 - 옮긴이)을 "11월의 범죄자"라 부르며 "뒤에서 칼을 꽂은 자"로 묘사했다. 또한 공산주의자들을 맹비난하면서 이들이 나라를 전복하려 한다고 주장했다.

하지만 청중을 사로잡은 것은 히틀러의 말이나 사상이 아니었다. 바로 그의 스타일이었다. 거울 앞에서 연습하며 완벽하게 갈고 닦은, 마치 최면을 거는 듯한 그의 연설에 사로잡힌 청중은 입당을 열망하게 되었다. 히틀러는 오케스트라를 편성하는 지휘자처럼 자신의 의지대로 이들을 이끌었다. 그의 연설은 파도가 해안에 부딪히듯 흐름의 높낮이가 뚜렷했다. 히틀러는 신화 속 사이렌 같은 마력으로 사람들을 사로잡아, 그들이 자발적으로 자신의 십자군에 들어오고 싶어 하도록 만들었다. 그리고 항상 독일인의 인종적 우월성을 강조했다. "독일인을 위한 독일!" 그는 독일인은 속임수에 속아 마땅히 누릴 지위를 잃은 "지배인종"이라고 군중을 설득했다.

히틀러가 적으로 꼽은 대상은 꽤 많았지만, 그중에서도 독일 국민의 1퍼센트를 차지하는 소수 유대인을 향해 적대적인 발언을 쏟아냈다.

전기 작가 폴 햄은 이렇게 설명한다. "루터교 사원에서 유대인을 추방하겠다는 메시아의 등장이었다. 묘하게 카리스마 넘치는 이 연설자는 어려움에 처한 나라에 누구도 하지 않았던 국가의 희생과 전쟁의 기록을 인정하는 연설을 한 것이다. (…) 그가 그토록 많은 사람을 설득할 수 있었던 것은 히틀러의 타고난 자질 덕분이었다기보다 독일인의 절망이 깊었던 탓이었다."

이탈리아와 마찬가지로 전후 독일도 경제 위기에 처해 있었고, 히틀러는 그런 상황을 자신에게 유리하게 이용했다. 독일인들이 빵 한 덩이를 사기 위해 지폐를 수레에 실어 나르던 시기였다. 국가의 병폐를 유대인 탓으로 돌리면서 불만이 고조된 독일인들을 자극한 덕분에 히틀러는 금세 5만 6,000명의 나치당원을 확보할 수 있었다.

나치당을 조직하고 당원 수를 늘리면서 히틀러는 자신의 목표가 유럽에서 유대인과 그 밖의 '열등한' 민족을 몰아내고 순수 혈통의 아리아족으로 크게 확장된 독일, 즉 제3제국(Third Reich)을 구성하는 것임을 명확히 밝혔다. 독일어 'Reich(라이히)'는 '영역' 또는 '제국'을 의미한다. 앞의 두 'Reich'는 800년부터 1806년까지 존속한 신성로마제국과 1871년부터 1918년까지 존속한 독일제국을 가리킨다. 히틀러는 "열등 인류(Untermenschen)"라고 규정한 러시아와 동유럽의 슬라브족을 향해 무자비한 전쟁을 촉구했다.

여기서 중요한 점은 반유대주의를 창안한 이는 히틀러가 아니라는 사실을 이해하는 것이다. 그는 오래전부터 계속된 주제를 새롭게 재편해 주장했을 뿐이다. 반유대주의는 수세기 동안 이어진, 유대인을 향한 근거 없는 증오의 지독한 잔재이며, 고대사로 거슬러 올라가 중세 기독교 유럽에서 더욱 악화해 현대까지 이어져온 이념이다. '절멸', '파괴'라는 뜻의 단어에서 유래한 '포그롬(pogrom)'은 19세기 초부터 러시아에서 나타난, 유대인을 향한 폭력적인 공격을 뜻한다.

『시온 장로 의정서(The Protocols of the Elders of Zion)』라는 책자는 1903년 제정러시아에서 처음 등장했다. 완전히 조작된 위서로 알려진 이 책은 다양한 사회 병폐에 대한 책임을 유대인에게 돌리려는 의도로 쓰인 선전물이다. 미국 홀로코스트 기념관의 설명에 따르면, "시온 의정서는 유대인이 경제를 조작하고 언론을 통제하며 종교 갈등을 조장해 세계를 지배하려는 '비밀 계획'을 '설명'한다". 오랜 시간을 거치며 신뢰할 수 없는 자료임이 밝혀졌지만, 오늘날에도 오로지 유대인에 대한 증오심을 확산하려는 목적으로 유통되고 있다.

1920년 미국의 저명한 사업가이자 자동차 제조업자인 헨리 포드(Henry Ford)의 언론사에서 펴낸 《디어본 인디펜던트(Dearborn Independent)》지가 『시온 장로 의정서』에 근거한 기사를 발표하기 시작했다. 미국 전역의 포드 자동차 대리점에서 배포된 이 기사에서 유대인이 미국인의 도덕성을 약화시키기 위해 공산주의와 은행업, 노조, 심지어 도박과 재즈 같은 엔터테인먼트까지 동원한다고 비난했다.

1929년 뉘른베르크 시내를 행진하는 돌격대.

악의 패턴

1921년 무렵 나치당은 당 신문과 히틀러가 디자인했다는 꺾인 십자가(Swastika, 卍) 문양의 공식 깃발도 갖추었다. 이 꺾인 십자가는 힌두교와 불교를 비롯한 수많은 종교에서 신성시하는 고대의 상징이다. 19세기에 독일인 고고학자 하인리히 슐리만(Heinrich Schliemann)은 고대 트로이 유적에서 발견한 만(卍) 자 문양을 보고 독일 도자기의 비슷한 문양과 연결해 "우리 먼 조상의 중요한 종교적 상징"이라고 추측했다.

1933년 집권 직후 히틀러 정권은 바이마르 공화국의 검정, 빨강, 금색의 삼색기를 검정, 흰색, 빨강의 옛 독일제국기로 교체해 나치의 卍 문양 깃발과 함께 걸었다. 그리고 금세 나치의 스바스티카 문양은 완장이며 아이들의 교복, 집에 걸린 현수막 등 어디서나 볼 수 있게 되었다. 1935년 나치 깃발은 제3제국의 공식기가 되었고, 악명 높은 뉘른베르크 법에 따라 유대인은 독일 시민권을 박탈당하고 독일인과 결혼할 권리도 부정되었다.

나치는 실업 상태이거나 당시 현실에 환멸을 느낀 1차 세계대전 참전용사로 구성된 돌격대, 즉 SA(돌격대라는 뜻의 독일어 Sturmabteilung의 줄임말)라는 사병 조직도 창설했다. 제복 때문에 갈색셔츠단으로 불리기도 한 이 조직을 이끈 사람은 참전용사 에른스트 룀(Ernst Röhm)이었다. 무솔리니의 전직 아르디티 대원들처럼 이 돌격대 역시 비밀 무기고에 드나들면서 끔찍한 폭력을 행사할 수 있는 히틀러의 기습부대 역할을 했다. 1923년까지 SA는 1만 5,000명에 달했다.

무솔리니가 로마 진군으로 권력을 잡는 데 성공한 것을 본 히틀러는 정부를 압박하기 위해 비슷한 계획을 세웠다. 그의 계획은 무솔리니가 로마 진군을 성공하고 약 1년 후인 1923년 11월에 실행되었다. 히틀러는 갈색셔츠단으로 뮌헨 시정부를 장악한 뒤 베를린으로 진군해 중앙 정부를 무너뜨릴 계획이었다.

하지만 뮌헨에서는 다른 드라마가 펼쳐졌다. 무솔리니가 진군할 때 이탈리아 정부군은 물러난 반면, 뮌헨 경찰은 나치와 정면충돌해 쿠데타 시도를 진압했던 것이다. 이것이 훗날 맥주홀 폭동(Bürgerbräu-Putsch)으로 불리는 사건이다(스위스계 독일어 Putsch는 원래 '치다' 혹은 '밀치다'를 의미했는데, 바이마르 공화국을 전복하려는 수많

아돌프 히틀러, 율리우스 슈트라이허(앞줄 오른쪽), 헤르만 괴링(히틀러의 왼쪽)이 1934년 9월 뮌헨에서 1923년 맥주홀 폭동의 발자취를 되짚어가고 있다.

악의 패턴

은 시도로 인해 갑작스런 정부 전복 시도인 '쿠데타'를 의미하게 되었다). 반란이 실패한 후 아돌프 히틀러는 반역죄로 재판에 회부되었고 가장 가벼운 5년 징역형을 받았다. 히틀러는 뮌헨에서 서쪽으로 약 64킬로미터 떨어진 란츠베르크 감옥에 수감되어 1년이 채 안 되는 기간 동안 복역했다. 그는 감옥에 있는 동안 서른다섯 살이 되었고, 그가 지낸 곳은 감방이라기보다는 응접실처럼 가구를 갖춘 숙소에 더 가까웠다. 그는 동료 나치 수감자들의 추앙을 받으며『나의 투쟁』에서 드러낸 전략과 정치적 계획, 중심 신념의 틀을 세웠다.

이 책은 맥주홀에서 인기를 끌었던 연설 주제인 인종차별주의와 확장주의를 집대성한 것이다. '유대인 세계 독재설'을 제기하며, 유대인에 대한 비도덕적 인종차별과 원색적인 공격으로 가득 찬 맹렬한 선동 서적이다. 히틀러의 전기 작가 요아힘 페스트(Joachim Fest)는 이렇게 썼다. "『나의 투쟁』에서는 이상할 정도로 고약하고 불쾌한 냄새가 풍긴다."

히틀러는 석방된 후 남아 있는 나치 추종자들을 규합해 당을 재건했다. 그리고 실패한 폭동의 발자취를 자랑스럽게 되짚어가는 축하 행진을 매년 펼쳤다.

폭동 실패를 통해 히틀러는 정규군과 경찰의 지원 없이 나치의 활동만으로 바이마르 공화국을 전복할 수 없다는 사실을 확실히 깨달았다. 무력으로 국가를 전복하려는 어떤 시도에도 군대는 방어적 대응을 할 테니 말이다. 하지만 나치당은 1928년 총선에서 2.8퍼센트의 득표율을 얻은, 정치적 힘이 거의 없는 군소 정당에 불과했다.

1928년 뉘른베르크에서 나치 집회를 이끄는 히틀러.

악의 패턴

그런데 그 후 몇 년 사이 세계경제공황이 터지고 금융 재앙을 자본주의의 탓으로 돌린 노조와 공산주의가 힘을 얻으면서 공포에 질린 독일인들이 나치에 합류했다. 히틀러가 독일 청중을 사로잡기 위해 인종차별주의적이고 폭력적인 메시지를 강조하면서 온 나라가 비분강개의 분위기에 휩싸였다. 히틀러는 이러한 억눌린 공포와 좌절감을 메시지에 담아 그가 보통의 정치인 이상이라고 믿는 열혈 추종자들에게 전파했다.

히틀러의 열광적인 연설을 들은 청중들은 그를 그야말로 독일의 영광을 재현할 구원자로 여기게 되었다. 바야흐로 히틀러의 시대가 열린 것이다. 이언 커쇼는 이렇게 썼다. "히틀러는 독창적이지 않은 생각을 독창적인 방식으로 선전했다. 그는 다른 누구도 할 수 없는 방식으로 공포와 편견, 적개심을 끌어냈다. (…) 다시 말해, 자신에게 대중을 동원할 능력이 있음을 깨달은 것이다."

1929년 증시가 붕괴하자 독일에도 여파를 미쳐 경제 위기가 이어졌다. 사회 모든 분야에 걸친 부채가 국민에게 영향을 미쳐 철강소와 제철소의 실업률이 증가했고, 농민들은 자신들의 토지가 팔리지 않도록 고군분투해야 하는 상황이 벌어졌다. 나치는 망한 은행, 텅 빈 식료품점, 대량 실업으로 인한 환멸과 절망을 기반으로 삼았다. 300만 명에서 400만 명이 넘는 독일인이 실업 상태였다. 이언 커쇼는 이렇게 말한다. "민주주의 때문에 망했다고 생각한 보통 사람들은 '이 체제'를 쓸어버려야 한다면서 목소리를 높였다."

히틀러는 위기를 이용해 민주 정부의 비효율성에 대해 맹비난을 쏟아부었다. 그는 독일의 번영을 되찾고, 시민 질서를 회복하고, 유대인 금융가들의 영향력을 없애, 조국 독일을 다시 한 번 세계 강국으로 만들겠다고 약속했다.

1932년 7월 총선에서 히틀러가 이끄는 나치당이 승리를 일궈내며 독일 정계의 핵심 정당으로 부상했다. 그리고 몇 달 후인 1933년 1월 30일, 자문단의 재촉을 받은 노쇠한 힌덴부르크 대통령은 히틀러를 총리로 임명했다. 이언 커쇼는 그날에 대해 이렇게 썼다. "그 역사적인 날은 종말이자 시작이었다. 히틀러의 총리 취임은 전쟁과 대학살의 나락으로 이어지는 일련의 과정의 시작이었다. (…) 이는 비인간적 행위를 억제하는 장치를 놀랍도록 빠르게 벗어던지고 나치즘의 끔찍한 만행과 동의어인 아우슈비츠, 트레블링카, 소비부르, 마이다네크와 그 밖의 강제수용소로 귀결되는 과정의 시작이기도 했다."

1933년 2월 말, 의사당 화재로 히틀러는 합법적으로 권력을 장악해 바이마르 헌법에 따라 보호받던 개인의 자유를 박탈할 수 있게 되었다. 화재 사건의 배후 세력으로 공산당원, 좌파 지식인, 노동운동가가 지목되어 히틀러의 악명 높은 갈색셔츠단에 끌려갔다. 일부는 구타와 고문을 당했고 나머지는 살해당했다. 히틀러는 독일의 지배권을 어떤 반대도 없이 순식간에 손에 넣었다.

그 후 '장검의 밤'에 체포와 처형의 피바람이 불었다. 1934년 6월 30일과 7월 2일 사이에 히틀러는 돌격대를 숙청했다. 돌격대 사령관 에른스트 룀을 비롯해 당내 경쟁자들을 살해해 제거한 것이다.

이러한 갑작스러운 피바람 속에 수백, 아니 1,000여 명에 가까운 당원들이 목숨을 잃었고, 더 많은 사람이 구타와 고문에 시달리고 수감되었다.

"오늘로 히틀러는 독일의 전부다." 1934년 8월 4일자 신문의 헤드라인이다. 그 이틀 전, 제국의 대통령 파울 폰 힌덴부르크가 세상을 떠났다. 히틀러는 유대인의 거주권을 폐지하고 정규군은 '독일 제국과 인민의 총통'에게 무조건적 복종을 맹세해야만 했다.

히틀러는 군대를 장악하고 완전한 통수권을 확보하자 징병제를 재도입하고 새로운 공군을 양성하기 시작했다. 모두 1919년 베르사유 조약을 위반하는 조치였다. 또한 직속 정예부대 SS(친위대라는 뜻의 Schutzstaffel의 줄임말)와 게슈타포(Gestapo, 비밀경찰이라는 뜻의 Geheime Staatspolizei의 줄임말)의 권력을 강화했다. 두 집단 모두 막강한 권력을 바탕으로 수용소 네트워크를 관리하고, 나치가 '부정한 존재'로 간주한 유대인과 그 밖의 여러 민족을 말살하는 책임을 맡아 홀로코스트의 주역으로 활약했다.

그리하여 1차 세계대전 패배로 무너진 독일의 애국심과 자부심이 되살아나기 시작했다. 1936년 올림픽이 열리기 불과 한 달 전, 히틀러는 독일군을 프랑스 국경 근처의 라인란트 지방으로 이동시켰다. 1919년 체결된 베르사유 조약에 따르면, 독일은 이 지역에 군대를 주둔시킬 수 없었다. 그러나 히틀러는 이를 가볍게 무시하고 프랑스와 영국, 주변국들의 대응을 살폈다.

히틀러의 조약 위반에 별다른 제재가 따르지 않자, 독일인들은 이처럼 자신들의 권리와 힘을 강하게 행사한 그의 결단력에 환호를 보내며 열광했다. 군중은 독일을 순회하는 그를 숭배하며 환영했다. 라인란트 재무장 이후 치러진 선거에서 나치당은 98.9퍼센트의 득표율을 기록했다. 선거법에 따라 사실상 독일은 일당 국가였지만, 히틀러는 그 결과를 독일을 다시 위대하게 만들겠다는 계획에 대한 대중의 압도적인 지지를 보여주는 증거로 이용했다.

무솔리니처럼 히틀러도 확고한 충성을 확보하고 독일의 미래를 도모하기 위해서는 젊은이를 육성해야 한다는 사실을 잘 알고 있었다. 아이들을 위한 단체나 클럽이 이미 있었지만, 1920년대 초 나치 청년동맹이 조직되었고 1926년 히틀러 유겐트(Hitler-Jugend)라는 정식 명칭이 붙여졌다. 4년 후 소녀와 젊은 여성을 위한 독일 여성청년동맹이 결성되었다. 1933년 히틀러가 총리가 되었을 때 히틀러 유겐트 단원은 10만여 명에 달했고, 연말에는 200만 명에 이르렀다.

그 후 3년에 걸쳐 종교 단체를 비롯한 여타 독일 청년단체들은 히틀러 유겐트에 흡수되거나 꼬투리를 잡혀 결국 금지되었다. 일부 지도자들은 테러의 표적이 되어 해외로 도피했고, 어떤 이들은 공공연하게 살해되었다. 1936년 말엽에는 히틀러 유겐트 단원이 540만여 명에 달했고, 1939년 3월 법령으로 10세부터 18세의 모든 청소년은 의무적으로 이 조직에 가입해야 했다.

히틀러 유겐트는 독일 미래의 상징으로 매년 열린 뉘른베르크 전당대회를 비롯한 당 집회와 행진에 참석해, 이러한 나치 집회 주변에서 형성된 광경에 매료되어 모여든 당원들의 시선을 사로잡았다.

악의 패턴

사격 연습 중인 히틀러 유겐트 단원들(1923년).

엄청난 거짓말　　　**》　133**

1934년 히틀러 유겐트 단원 6만 명이 히틀러에게 경의를 표하기 위해 경기장으로 행진했는데, 영화감독 레니 리펜슈탈(Leni Riefenstahl)이 세심하게 조율해 연출한 이 장면은 그녀의 대표작 〈의지의 승리〉에 담겨 있다. 영화 역사상 가장 영향력 있는 작품 중 하나로 인정받은 이 작품은 다큐멘터리와 달리 효과를 극대화하기 위해 장면을 각색하고 재촬영한 순수 선전 영화다. 이 영화는 나치 전당대회에 직접 참석할 수 없는 사람들을 위해 전국에서 반복해 상영되었다. 열 살 때 이 영화를 본 한 남자는 다음과 같이 회상했다. "그것은 내가 상상한 무엇보다 가장 매혹적이었다. 그는 빛났으며 모두가 그를 '총통 각하, 우리 총통 각하'라며 찬양했다."

나치 청년단체는 미래를 위한 준비이자 나치 지배력을 확보하기 위한 발판이었다. 학교, 교회, 스카우트 등 사회구조 근간에 대한 충성을 당에 대한 충성으로 대체하기 위한 것이었다. 아이들은 지역사회를 비롯해 심지어 자신들의 가정에서 무슨 일이 일어나고 있는지까지 보고해야 했다. 나치의 적을 체포할 무한한 권력을 가진 비밀 사복경찰 게슈타포는 모두가 가장 두려워하는 조직이었지만, 그에 비해 규모는 크지 않았다. 미국 홀로코스트 기념관의 설명에 따르면, "1944년에는 3만 2,000명뿐이었고, 실제로 '사찰'을 맡은 인원은 1만 8,500명 정도였다. 적은 인원이었지만 정보원과 지역 주민들의 고발을 통해 효과를 극대화했다".

나치 계획의 이면에는 히틀러와 그의 당이 우월한 게르만족의 영광을 재현하고 있다는 믿음이 깔려 있었다. 히틀러는 유대인과 그 밖

악의 패턴

사격 연습 중인 히틀러 유겐트 단원들(1923년).

의 종교적 소수민족, 유럽의 다른 민족에 대한 증오를 겨냥해 지배인
종이 지배하는 지배국가의 이미지를 만들어냈다. 물론 오늘날의 시
각에서 보면 끔찍하기 짝이 없는 생각이다. 그러나 나치 독일의 인종
차별법이라는 불편한 역사는 미국의 '인종적 순수성'을 보호하기 위
해 제정된 1924년 버지니아의 순혈법(Integrity Act, 백인과 유색인종 간
의 결혼을 금지한 법 – 옮긴이)과 단종법(Eugenical Sterilization Act, 유전
적으로 열등한 아동의 출산을 막기 위해 간질 환자, 정신지체인 등에게 강제

불임수술을 실시한 법-옮긴이) 같은 미국 법을 일부 본떠 만들어진 것이다. 1928년 히틀러는 아메리카 원주민이 거의 말살되었다는 데 감탄을 표했다. 그는 『나의 투쟁』에서 미국이 건강한 인종에 기반한 질서를 만드는, 더 나은 방향으로 진전하고 있다고 말했다. 그는 19세기 중국인 이민배제법(Chinese Exclusion Act)과 미국을 보다 '순수하게' 유지하기 위한 할당제를 요구하는 법 등 미국의 이민법에 관심을 보였다. 나치는 백인과 흑인의 결혼을 금지하는 법에 대해서는 감탄했다. 이러한 소위 인종 간 금혼법에 따라 30여 개 주에서 인종 간 결혼이 처벌받았다.

독일은 1935년 뉘른베르크법이 의회에서 통과되면서 공식적으로

1938년 11월 크리스탈나흐트에 파손된 거리를 지나는 독일인들.

가장 악명 높은 인종차별법을 명문화했다. 독일 혈통과 명예에 대한 보호법에 따라 유대인과 게르만인 사이의 결혼뿐 아니라 성생활도 금지되었고, 유대인 가정은 45세 이하의 독일인 여성을 가정부로 고용할 수 없었다. 제국시민법은 독일인 또는 독일 혈통만이 제국 시민이 될 수 있다는 선언이었다. 이러한 법이 통과됨으로써 이후 참혹한 결과를 초래하게 되는 국가 주도 반유대주의의 서막이 열렸다. 미국 홀로코스트 기념관은 이렇게 설명한다. "그들은 독일인과 유대인을 법적으로 차별함으로써 향후 일어날 반유대주의적 조치의 토대를 마련했다. 유대인은 역사상 최초로 그들의 믿음이 아닌 그들 혹은 그들의 부모를 낳은 사람으로 인한 박해에 직면했다. 나치 독일에서는 어떤 신앙 고백과 행위, 진술로도 유대인을 독일인으로 바꿀 수 없었다. 유대교 율법을 따른 적이 없거나 수년 동안 따르지 않았던 많은 독일계 유대인이 나치의 공포에 사로잡혔다."

많은 독일인이 이러한 법을 히틀러가 나라를 구하는 방법의 일환으로 여겼다. 대규모 건설 프로그램으로 베를린 같은 도시를 현대화의 모델로 탈바꿈시켰고, 제한적 접근만 가능한 고속도로망 아우토반이 만들어졌다. 이러한 프로젝트는 일자리 창출 효과가 있었을 뿐 아니라 독일이 나치 치하에서 이루어낸 발전을 보여주는 강력한 선전 도구 역할을 했다. 독일 자동차와 비행기 역시 공학과 디자인 분야에서 새로운 기준을 만들어냈다.

1938년 11월은 히틀러의 생각과 나치당에 대한 완벽한 통제력이 고스란히 발휘된, 가장 끔찍하고 소름 끼치는 순간 중 하나다. 독일이 폴란드계 유대인을 추방한 뒤 17세 유대인 학생이 가족들이 추방된 데 원한을 품고 파리에서 독일인 외교관을 총으로 쏴 살해했다. 돌격대에 자극받은 보통 독일 국민과 히틀러 유겐트 단원들이 폭동을 일으켜 독일 전역의 유대교 회당에 불을 지르고 수많은 유대인 상점과 집의 창문을 깨뜨렸다. '깨진 유리의 밤'이라는 뜻의 크리스탈나흐트(Kristallnacht, 우리나라에서는 '수정의 밤'이라고 알려져 있다—옮긴이)로 불리는 사건이다.

폭도들은 독일과 오스트리아, 체코슬로바키아의 독일어권인 주데텐란트 전역의 267개 유대교 회당을 파괴했다. 미국 홀로코스트 기념관은 당시 상황을 이렇게 묘사했다. "일반인 거주지와 주변 건물로 불길이 번지지 않을 정도로만 개입하라는 명령을 받은 지역 소방관들이 지켜보는 가운데 많은 유대교 회당이 밤사이 전소되었다. 독일 전역의 돌격대와 히틀러 유겐트 대원들은 유대인 소유의 약 7,500여 개 상점의 유리창을 깨고 상품을 약탈했다. 많은 지역에서 유대인 묘지는 모독의 대상이 되었다."

폴란드계 유대인 추방은 1935년 뉘른베르크법으로 추진력을 얻은 독일의 '아리안화' 계획의 일환이었다. 크리스탈나흐트에 자행된 폭력은 홀로코스트 죽음의 수용소라는 최종 해결책으로 수백만 유대인과 그 밖의 '부정한' 인종의 절멸을 이끈 큰 한 걸음이었다.

1938년 이 운명의 해는 히틀러가 당시 국경 밖에 살고 있던 게르만족을 통합하기 위해 공격적으로 국경 확장을 시작한 때이기도 하다. 오스트리아 나치의 협력에 힘입어 그는 3월에 안슐루스(Anschluss, 병

　　　　　악의 패턴

합이라는 뜻으로, 여기서는 나치 독일의 오스트리아 병합을 가리킨다−옮긴이)를 지휘해 오스트리아를 합병했다. 그 후 1938년 9월 뮌헨에서 열린 외교 회담에서 영국과 프랑스 대표들은 더 이상 영토를 요구하지 않겠다는 히틀러의 약속에 대한 반대급부로 독일의 체코슬로바키아 주데텐란트 점령을 인정하기로 합의했다. 동맹국에 버림받은 체코슬로바키아는 항복할 수밖에 없었다.

뮌헨 협정에 서명한 사람 중 하나인 영국 수상 네빌 체임벌린(Neville Chamberlain)은 히틀러의 약속을 믿었다. 이 합의를 들고 영국으로 돌아온 그는 "명예롭게 평화"를 이루었다고 자랑스럽게 선언하며 "우리 시대를 위한 평화"라고 덧붙였다. 하지만 다음 해 독일군은 이 협정을 가볍게 위반하고 체코슬로바키아의 나머지 지역을 삼켜버렸다. 체임벌린은 히틀러의 요구를 들어주는 실수를 저질러 많은 희생을 낳은 정치인으로 지금까지도 비판받고 있다.

1939년 히틀러와 이탈리아의 무솔리니는 강철조약(Pact of Steel)을 맺어 양국의 정치적, 군사적 동맹을 공식화했다. 히틀러는 이와 동시에 동료 독재자이자 공산당 지도자인 이오시프 스탈린을 상대로 소련과 비밀 협상을 시작했다. 두 나라는 '불가침조약'을 맺었는데, 히틀러가 누구보다 공산주의자를 증오했고 동유럽의 '인간 이하' 슬라브족을 말살하겠다고 맹세했다는 점에서 참으로 놀라운 사건이었다. 이 조약으로 인해 잠재적 적이 제거되자 히틀러는 1939년 9월 폴란드를 침공해 2차 세계대전을 일으켰다.

1939년 전쟁이 시작되자 히틀러는 유대인 거주 구역 게토(ghetto)

를 설립했다. 나치가 점령한 유럽 전역에 강제수용소와 구금 시설이 세워졌다. 유대인의 게토 추방은 1942년 "유대인 문제에 대한 최종 해결책"이라 명명한 말살 정책 아래 절정에 이르렀다. 나치 최고 지도부의 지시에 따라 독일뿐 아니라 나치에 점령된 유럽 전역에서 살인이 이루어졌으며, 1945년 5월 나치가 패망할 때까지 대학살이 계속되었다. 희생자들은 게토에서 사방이 꽉 막힌 화물열차에 실려 절멸 수용소로 추방되었고, 이 여정에서 살아남은 사람들은 가스실에서 죽음을 맞았다.

홀로코스트와 최종 해결책은 모든 면에서 기괴한 조치였는데, 히틀러가 뿌리 뽑고자 했던 대상은 비단 유대인만이 아니었다. 그는 십자군에 영감을 받아 다른 종교 신도, 동성애자, 장애인을 비롯해 '유전적 결함'이 있다고 판단되는 사람들까지 모두 없애려 했다.

히틀러는 폴란드와 소련도 파괴하기 시작했다. 1941년 6월 22일, 히틀러는 스탈린과 맺은 독소불가침조약을 파기하고 암호명 바르바로사(Barbarossa) 작전으로 소련을 대대적으로 침공했다. 전쟁 기간 독일은 유대인만큼이나 비유대인도 많이 죽였는데, 주로 굶주려 죽은 전쟁 포로를 비롯해 도시 공격에 희생된 도시 거주민, 독일인을 공격한 데 대한 보복으로 사살된 100만 명이 넘는 민간인 등이다.

스탈린과의 거래를 배신하면서 히틀러의 운명이 결정되었다. 두 전선에서 전쟁을 치른다면 히틀러의 군대는 결국 무너질 수밖에 없다. 권력에 대한 상상을 초월하는 갈망이 결국 이 독재자를 파멸로 이끈 것이다.

러시아 전선에 투입된 많은 독일 젊은이 중 스물세 살의 한스 숄 (Hans Scholl)이라는 의대생이 있었다. 히틀러 유겐트 단원으로 활동 하며 환멸을 느낀 그는 이미 나치 정부를 등진 상태였다. 그가 러시 아로 떠나기 전, 한스와 뮌헨대학교 친구들은 히틀러와 나치를 비난 하는 전단을 만들어 배포했다. 이 전단은 1942년 6월과 7월에 걸쳐 순결, 순수라는 의미를 담은 백장미단의 이름으로 몇몇 독일 도시 에서 배포되었다. 세 번째 백장미단 전단지에서는 나치의 '악의 독 재'를 공격했고 다른 전단지에서는 공장 파업을 촉구했다. 숄과 그 의 친구들은 그런 발언이 잡히면 사형될 행위임을 알고 있었다.

러시아의 혹독한 겨울을 버티며 처참한 전투에서 생존한 한스 숄 은 1942년 12월 대량 추방과 강제수용소의 실상에 눈뜨고 학교에 돌아왔다. 1943년 무렵 동부전선의 독일은 2차 세계대전 중 가장 규모가 크고 참혹한 전투였던 스탈린그라드 포위전에서 붉은군대에 패배한 뒤 무너지고 있었다. 백장미단은 다섯 번째 전단에서 히틀 러가 나라를 재앙으로 이끌고 있다고 경고했다. 나치가 저지른 끔 찍한 학살과 잔학 행위에 대해 알았던 백장미단 학생들은 다시 나 섰다. 이번에는 한스의 여동생인 스물한 살 대학생 조피(Sophie)도 합류했다.

1943년 백장미단은 나치를 비난하는 전단 두 장을 더 배포했다. 그리고 일곱 번째 전단지에서는 독일이 포위되었으며 패배가 확실 하다고 경고하면서 히틀러 정권에 대항할 것을 촉구했다.

1943년 2월 18일 아침, 한스와 조피 숄 남매는 엄청나게 위험하다는 걸 알면서도 여행 가방에 수백 장의 전단지를 넣고 대학교를 향해 집을 나섰다. 그리고 수업 시간에 강의실 문밖으로 전단지를 던지는 식으로 몰래 배포했다.

그들은 최근 전선에서 자국이 패배했다는 사실을 알림으로써 독일 젊은이들이 태도를 바꾸기를 바랐다. 임무를 거의 끝낸 조피는 남은 전단을 건물 옥상에서 학교 로비 바닥으로 뿌렸다.

전단을 주운 한 관리인이 그들을 주목하고는 재빨리 건물 문을 잠갔다. 잠시 후 무시무시한 게슈타포들이 학교에 도착해 두 학생을 체포했다. 나흘 후 한스와 조피, 백장미단의 또 다른 단원 크리스토프 프롭스트(Christoph Probst)가 뮌헨 법정에 섰다. 자비는 없었다. 세 사람 모두 단심제로 치러진 재판에서 유죄로 판결되어 사형선고를 받았다.

1943년 2월 22일 조피와 한스, 스물세 살 크리스토프는 뮌헨 감옥에서 단두대에 올라 참수되었다. 단지 이들의 친구나 가족이라는 이유만으로 100명이 넘는 관련 용의자들이 연루되어, 빌리 그라프(Willi Graf)와 알렉스 슈모렐(Alex Schmorell)을 비롯한 많은 이가 처형되었다.

1942년 7월 제작된 백장미단의 네 번째 전단은 이렇게 끝을 맺는다. "우리는 침묵하지 않을 것입니다. 우리는 여러분이 불의에 대해 느끼는 양심의 가책을 대표하기 때문입니다. 백장미단은 여러분을 평화롭게 안주하게 하지 않을 것입니다." 영국 전투기들은 밀반출된 백장미단의 마지막 전단 사본을 독일 각지의 도시와 마을 상공에

뿌리기도 했다. 히틀러와 나치에 저항한 것은 비단 백장미단만이 아니었다. 다른 단체들은 매우 적극적으로, 그리고 매우 은밀하게 히틀러의 통치를 끝내려 노력했고, 그중에는 암살 시도도 있었다. 이러한 저항 중 가장 두드러진 활약을 보인 단체는 히틀러를 죽이고 연합국과 화의를 이루려 한 군인 단체였다.

암살 시도와 백장미단의 활동은 실패로 돌아갔지만, 독일의 미래가 절망적이라고 경고한 학생들의 전단 내용은 정확한 것으로 드러났다. 스탈린의 붉은군대는 동부전선에서 독일로 진격해 러시아인과 동유럽인에게 독일이 저지른 잔혹한 만행에 복수하려 했다. 한때 무적이었던 히틀러의 군대는 조국을 향해 후퇴하기 시작했고, 영국과 미국의 전투기는 독일의 심장부에 연일 폭탄을 투하했다.

1944년 6월 6일, 프랑스 노르망디 해안에 상륙한 연합군은 서쪽에서 독일로 진격하고, 스탈린의 200만 명이 넘는 붉은군대는 동쪽에서 베를린을 향해 진격하기 시작했다. 엄청난 희생이 따른 힘겨운 전투가 몇 달간 벌어졌지만, 1945년 봄 결국 베를린이 포위되기에 이르렀다.

지하 벙커에 몸을 숨기고 있던 히틀러는 격렬한 감정 기복을 겪으며 건강도 함께 쇠약해졌다. 건강염려증 환자였던 히틀러는 복부 가스와 장 경련을 비롯한 여러 증상을 다스리기 위해 아편제를 포함해 엄청난 양의 약을 복용하고 주사를 맞았다. 파킨슨병이라는 진행성 신경계 장애가 있었을 수도 있고, 자신 주변의 세계가 붕괴하면서 극심한 스트레스를 받은 탓이었을 수도 있다. 그는 서쪽에서 진격해오는 연합군을 물리치는 꿈을 버리지 못했지만, 그러기에는 병력이 턱없이 부족했다. 독일군은 마지막 방어전을 펼치기 위해 노인과 어린 소년까지도 군대에 동원했다.

이언 커쇼는 독일이 패배에 몰리게 된 것은 "히틀러 한 사람만이 아닌 이 나라의 지도층이 어리숙한 독일 국민의 지지에 힘입어, 유럽 지배와 세계 패권을 놓고 처음부터 모든 위험을 감수할 각오로 시작해 결국 지금은 나라의 큰 희생을 낳은 '승자독식'의 위험천만한 도박을 벌인" 결과였다고 설명한다.

나치 치하 최후의 날, 소련군이 베를린 교외로 진격하던 중에 히틀러는 오랜 정부였던 에바 브라운(Eva Braun)과 결혼했다. 그리고 1945년 4월 30일, 그들은 동반자살로 생을 마감했다. 무솔리니가 이탈리아에서 처형되고 이틀 후였다.

아돌프 히틀러는 괴물이었다. '교육 수준이 높지 않은 맥주홀 선동가이자 완고한 인종차별주의자였으며, 자기도취와 과대망상에 빠져 있던' 그는 한 나라를 5,000만 명의 희생을 낳은 전쟁으로 몰아넣었고, 아직도 세계를 떠도는 대학살 정책에 영감을 주었다. 나치의 선전과 개인숭배는 이런 결과가 오롯이 한 사람으로 인해 초래된 듯 보이게 하지만, 그는 생각이 같은 사람들을 헌신적인 추종자로 양성했고, 이 나라의 영광을 되찾겠다는 약속으로 권력을 쥐었다. 다른 독재자나 폭군처럼 그에게도 조력자가 있었다. 사업가, 산업가, 공무원, 군대 모두 그의 목표와 야망을 지지했다. 말하자면 '기꺼이 동조한 집행자들'이 있었던 것이다.

독재자는 하나만이 아니었다. 히틀러가 사망하고 몇 시간 만에 히틀러 최대의 적, 소련의 상징인 낫과 망치 깃발이 독일 수도에 걸렸다. 히틀러의 도시와 동유럽까지 확장한 그의 제국은 이제 또 다른 독재자, 소련의 지도자 이오시프 스탈린의 손아귀에 들어갔다.

타임라인
아돌프 히틀러의 일생

1889년 4월 20일 ··· 오스트리아의 브라우나우암인(Braunau am Inn)에서 태어나다.

1915~1918 ··· 1차 세계대전에 참전하다.

1919년 8월 11일 ··· 독일, 바이마르에서 입안된 헌법을 채택하다. 이렇게 수립된 민주 정부는 비공식적으로 바이마르 공화국으로 불리게 된다.

1920년 ··· 독일 노동자당이 국가사회주의를 당명에 더하여 나치당이 되다.

1923년 11월 8~9일 ··· 맥주홀 폭동을 일으켜 정부 전복을 시도하다.

1924년 2월 26일 ··· 반란죄로 5년 형을 선고받다.

1925년 ··· 히틀러가 옥중에서 쓴 저서 『나의 투쟁』 출판.

1932년 11월 6일 ··· 나치당이 의회 의석의 34퍼센트를 차지하다.

1933년 1월 30일 ··· 힌덴부르크 대통령이 히틀러를 독일 총리로 임명하다.

1933년 2월 28일 ··· 의회 소방령으로 개인의 자유, 표현의 자유, 집회권에 대한 헌법상 권리가 정지되다.

1933년 3월 22일 ··· 다카우 수용소 개소.

1933년 3월 23일 ··· 수권법으로 의회로부터 독립된 입법권을 손에 넣다.

1933년 7월 14일 ··· 독일 의회에서 나치당이 유일한 합법 정당으로 인정받다.

1934년 6월 30일 ··· 장검의 밤. 히틀러가 권력 강화를 위해 나치 돌격대원들을 숙청하다.

1934년 8월 ··· 독일 총통에 오르다.

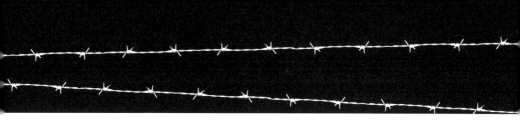

1935년 9월 15일	뉘른베르크법 발표. 독일 국민의 자격 기준을 혈통으로 규정하고, 유대인과 독일인 사이의 결혼이 금지되다.
1936년 8월	베를린 올림픽 개최.
1938년 3월	안슐루스(Anschluss) 작전: 독일이 오스트리아를 병합하다.
1938년 9월	전쟁을 피하려는 유화 정책으로 체결된 뮌헨 협정으로 히틀러가 체코슬로바키아 일부 지역을 점령하다.
1938년 11월 9일	크리스탈나흐트(수정의 밤). 유대인 상점과 사원이 약탈당하고 파괴되다.
1939년 9월 1일	독일의 폴란드 침공으로 2차 세계대전 발발하다.
1941년 6월 22일	바르바로사 작전. 독일이 소련을 침공하다.
1942년 1월	나치 지도자들이 유대인 말살을 위해 '최종 해결책'을 논의하다.
1942년 7월 17일 ~1943년 2월 2일	스탈린그라드 전투.
1944년 6월 6일	연합군이 프랑스 노르망디에 상륙하다.
1945년 봄	연합군과 소련군이 베를린으로 진격하다.
1945년 4월 30일	히틀러, 베를린에서 자살하다.

강철의 사나이

소련 지도자 이오시프 스탈린,
미국 대통령 프랭클린 D. 루스벨트,
영국 수상 윈스턴 처칠은 이란 테헤란에서
만나 2차 세계대전에서 나치의 패전과
이후의 관리에 대해 논의했다.
독일과의 전쟁이 끝난 후 스탈린의 소련과
서방 민주주의 간 냉전이 시작되었다.

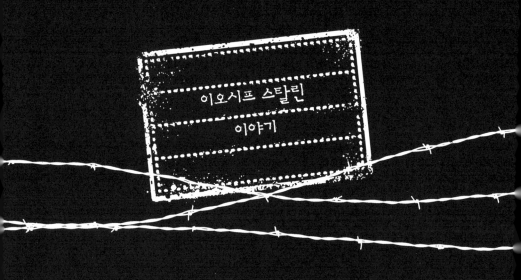

이오시프 스탈린
이야기

슈호프가 수용소에 들어온 죄목은 반역죄였다.

그는 취조 중 죄를 인정했다. (…) 방첩대원들이 그를 죽도록 구타했다.

단순한 계산이었다. 인정하지 않으면 제 무덤을 파는 것이고,

인정하면 어느 정도라도 목숨을 부지할 수 있었으니 말이다.

그래서 서명했을 뿐이다.

– 알렉산드르 솔제니친, 『이반 데니소비치의 하루』 중에서

• • •

그의 말에 따르면 그는 그들을 죽이고, 고문하고, 다시 구하고,

보상할 수 있다. (…) 생사가 그의 변덕에 달린 것이다.

– 에리히 프롬, 『인간 파괴성의 해부(The Anatomy of Human Destructiveness)』 중에서

• • •

1907년 6월 26일
조지아 트빌리시

그날도 **광대한** 러시아제국 내 조지아의 활기찬 시장 도시 트빌리시는 평소 아침과 크게 다르지 않았다. 양산을 든 젊은 여성들이 여러 상점과 특급 호텔, 국영은행이 늘어선 광장을 거닐고 있었다. 그때 마차 두 대가 사나운 카자크(Kazak, 오늘날 우크라이나 일대와 러시아 서남부 지역에서 살던 슬라브계 민족이자 군사 집단-옮긴이)들의 경호를 받으며 광장으로 들어오고 있었다. 모직 모자를 쓰고 칼날이 굽은 러시아 검을 찬 카자크의 전투력은 가히 전설적이었다.

두 여성이 아무 경고도 없이 파라솔을 떨어뜨리더니 마차 밑에 수류탄을 던졌다. 바로 그때 총성이 울리며 거리와 주변 건물 옥상에 있던 무장 강도들이 총을 쏘기 시작했다. 수류탄이 터지자 말들이 넘어지며 마차가 멈췄다. 놀란 말 한 마리가 날뛰며 마차를 끌고 뛰쳐나갔지만 더 많은 수류탄 공세에 죽고 말았다.

평화로운 아침에 마차 두 대에 총알이 날아들어 승객 둘을 죽이

1901년의 트빌리시.

며 대학살이 일어났다. 말을 타고 있던 카자크는 피를 흘리며 거리에 쓰러졌고, 현장에 달려오던 경찰들도 우레 같은 총격에 죽었다. 경찰관으로 위장한 강도가 마차에 실려 있던 돈 자루들을 몽땅 챙긴 뒤 일당의 마차를 타고 도망쳤다.

전형적인 할리우드 서부 영화에 등장하는 역마차 강도처럼 보였다. 하지만 이 엄청난 강도 사건으로 적어도 40명이 목숨을 잃었다. 공격받은 마차는 러시아제국의 통치자인 차르의 것이었고, 이 강도들 또한 평범한 은행 강도가 아니었다. 돈 자루를 챙긴 도적단은 이 전리품을 도적단 대장에게 넘겼다. 훗날 이오시프 스탈린이라는 이름으로 세계에 알려지는 자였다. 300만 달러에 상당하는 이 돈은 광대한 나라를 오가며 혁명의 바람을 일으키려는 공산당 지도자 블라디미르 레닌의 혁명 자금으로 조달될 것이다.

혁명 자금 마련을 위한 은행 강도에서 러시아 공산당 서기장, 그리고 최종적으로 소련의 주인이 되기까지, 스탈린은 전쟁 때나 평화로울 때나 한결같이 냉혹하고 잔인한 독재자였다. 그가 직접 고른 성인 스탈린(Stalin)조차 러시아어로 '강철 같은 사람'이라는 뜻이다.

1915년 러시아 카자크 기병대.

1953년 3월 사망하기까지 스탈린은 히틀러를 물리치며 소련을 20세기 최대 강국으로 탈바꿈시켰고, 핵무기를 개발했으며, 로켓 개발을 시작해 그의 사후 얼마 지나지 않은 1957년, 세계 최초의 인공위성 스푸트니크(Sputnik) 발사 성공의 발판을 마련했다. 스탈린은 동유럽에 소련이 지배하는 제국을 건설했고 냉전기에 미국과 대립했다. 그는 현대사에서 가장 영향력 있는 인물 중 하나로 남아 있다. 하지만 스탈린은 수백만 명을 죽인 무자비한 살인자이기도 했다.

스탈린의 철권통치 영향력이 동유럽으로 확산되던 1941년, 가족들이 고향 리투아니아에서 추방된 후 시베리아에서 태어난 저널리스트 새뮤얼 라슐린(Samuel Rachlin)은 이렇게 말한다. "러시아는 아직도 그를 도살자로 볼지 국가적 영웅으로 봐야 할지 평가를 내리지 못하고 있다. 러시아인들이 과거 어느 때보다 스탈린이 저지른 범죄에 대해 많이 알고 있지만, 많은 정치인과 역사가들은 그를 음지에서 끌어내 신생국가 소련의 산업화를 이루고 나치 독일에 승리를 거둔 데 있어서 그의 역할을 조명하려고 한다. 러시아인이라면 스탈린을 이런 식으로 이해해서는 안 된다."

스탈린은 1878년 12월 18일 조지아 고리(Gori)시의 소작농 마을에서 이오시프 비사리오노비치 주가슈빌리(Iosif Vissarionovich Dzhugashvili)라는 이름으로 태어났다. 그의 아버지 비사리온은 가난한 구두 수선공이었고, 케케라 불리던 어머니 예카테리나는 세탁

부였다. 이들 부부는 이오시프가 태어나기 전 두 아이를 두었는데 모두 태어나고 얼마 안 되어 일종의 홍역으로 죽었다. '소소(Soso)'라는 애칭으로 불리던 이오시프는 몸이 약한 아이였다. 천연두는 종두법으로 근절되기 전까지 수세기 동안 세상을 황폐하게 한 치명적 질병이었는데, 그는 일곱 살에 천연두에 걸렸다.

미친 베소(비사리온의 약칭-옮긴이)로 불리던 이오

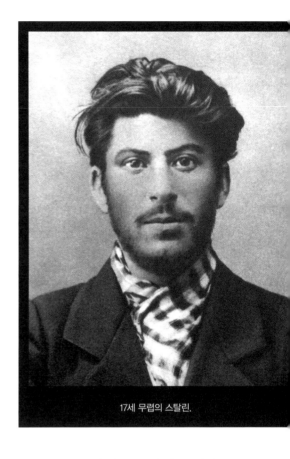

17세 무렵의 스탈린.

시프의 아버지는 무서운 술고래였고 걸핏 하면 아들을 때리곤 했다. 그러다 결국 신발 사업이 망하자 트빌리시의 신발 공장에 들어갔다. 독실한 러시아 정교회 신자였던 케케는 아들이 사제가 되기를 바라며 1888년 고리 신학교에 입학시켰다. 아주 뛰어나지는 않지만 총명했던 이오시프는 러시아어를 독학으로 익혔고, 15세에 트빌리시 신학교에 장학금을 받고 입학했다.

정교회 사제가 되기 위해 공부하던 10대 소소는 제정 러시아에서

1875년 공산주의의 아버지 카를 마르크스(위).
1916년 스위스 망명 중의 블라디미르 레닌(아래).

조지아 독립을 주장하는 교내 비밀 모임에 가입했다. 여기서 카를 마르크스(Karl Marx)의 『자본론』과 『공산당 선언』이라는 저서를 접하고 큰 영향을 받는다. 또한 훗날 레닌이라는 가명을 쓰게 되는 블라디미르 일리치 울리아노프(Vladimir Ilyich Ulyanov)가 툴린(Tulin)이라는 필명으로 발표한 글을 접한다. 스탈린은 언젠가 이렇게 말했다. "레닌이 없었더라면 나는 성가대원이자 신학교 학생으로 남았을 것이다."

1870년에 태어난 레닌은 19세기 후반 러시아 혁명 운동의 지도자로 부상했다. 젊은 시절 제정 러시아 정부에 대항한 학생운동에 참여해 카잔제국대학교에서 퇴학당했고, 1897년 폭동 선동죄로 시베리아 유배형을 받았다. 마르크스주의의 진정한 신봉자였던 레닌은 "만국의 노동자

악의 패턴

여, 단결하라!"라는 공산주의 신조에 따른 삶을 살았다. 러시아 공산주의의 최고 정치 이론가인 레닌은 러시아 혁명에서 거둔 성과 이상의 것을 이루고자 했다. 그는 전 세계의 자본주의체제를 전복하고 마르크스식 사회주의체제로 대체하는 데 헌신했다. 러시아 사회민주노동당은 결국 두 계파로 갈라졌다. 레닌은 이 중 하나인 볼셰비키를 이끌었고, 이는 훗날 러시아 공산당의 전신이 된다.

소소는 레닌의 사상에 설득되었다. 이후 몇 년간 레닌을 직접 만나지는 못하겠지만 그는 레닌을 추종하는 마르크스주의 혁명가들과 운명을 함께하기로 했다. 1898년 신학교 학생운동에 가담한 소소는 좋은 성적에도 불구하고 1년 후 학교를 자퇴했다. 학교의 공식 문서에는 등록금 미지불로 인한 제적으로 되어 있지만, 사랑하는 어머니의 병 때문에 자퇴했다는 설도 있다. 추정컨대 급진주의 성향이 강해지면서 차르 니콜라이 2세 정권에 대항하는 행위를 저지르자 어쩔 수 없이 학교를 떠나야 했을 가능성이 높다. 학위도 없고 전망도 없었던 그는 트빌리시 천문대에서 서기 일자리를 얻었다. 매일 네 번씩 날씨와 온도를 기록하는 일이었다.

키는 작지만 강단 있던 소소는 지하혁명운동에 투신했다. 짙은 검은 머리에 눈이 매서워 강렬한 인상을 주었던 그는 1900년경 조지아 공단에서 노동자 시위를 주도하는 강력한 존재로 떠올랐다. 1902년 그는 파업을 선동한 혐의로 체포되어 시베리아로 유배되었다. 러시아 정부는 겨울이면 혹독하게 춥기로 유명한 우랄산맥 동쪽의 광대한 땅에 가혹한 유배지를 마련해 죄수들을 그곳으로 보냈다.

이를 시작으로 수차례의 체포와 투옥, 시베리아 유배를 겪었다. 1902년과 1913년 사이 소소는 혁명 활동 혐의로 일곱 차례 체포되었고, 차르의 비밀경찰은 그를 혁명 자금 조달을 위해 강도, 납치, 강탈을 저지르는 범법자로 지목했다.

전기 작가 사이먼 몬티피오리(Simon Montefiore)에 따르면, 훗날 그는 이 시절을 '카자크와 강도단' 게임을 하는 듯 거친 시대였다고 술회했다. "러시아판 '경찰과 도둑'이었다. (…) 그는 이동 중이나 도주 중에는 항상 여러 제복을 위장복으로 사용했고, 종종 여장을 해서 범인 수색을 피하곤 했다."

1915년 시베리아 유형지에서 찍힌 것으로 추정되는 이오시프 스탈린.

그의 철학은 "힘이 곧 정의다", "결과가 수단을 정당화한다" 두 가지로 요약할 수 있다. 스탈린의 전기 작가 로버트 서비스(Robert Service)의 표현에 따르면 다음과 같다. "급진 마르크스주의자들은 전 세계에서 중산층과 노동계급 간에 내전이 일어날 것이라고 예측했다. 그리고 이러한 갈등이 다음 세대에 유익한 작용을 할 것이라고 믿었다. 마르크스주의는 혁명을 추구하는 과정에서 발생하는 희생을 정당화

악의 패턴

했다. 일단 군사적 갈등이 봉합되면 완벽한 사회가 도래할 것이기 때문이다. 그때는 가난한 사람들이 이 세계를 물려받을 것이다."

소소가 레닌의 볼셰비키당에 자금을 '조달'하기 위해 스펙터클한 노상강도를 계획한 것이 바로 이 시기였다. 1912년 무렵 그는 '강철의 사나이'라는 뜻의 '스탈린'이라는 이름으로 볼셰비키 기관지 《프라우다(Pravda)》('진실'이라는 뜻)의 편집장으로 임명되었다. 몇 차례 강도 시도가 실패로 돌아간 후, 1913년 스탈린은 제국 경찰에 쫓겨 체포되었다. 그리고 혁명 활동을 한 죄로 4년 형을 선고받고 시베리아 투루한스크 지방에 유배되었다. 이곳은 첫 유배지보다 훨씬 열악한 곳이었다. 전기 작가 사이먼 몬티피오리에 따르면, "이 조지아인이 이전에 경험한 그 무엇보다 더 가혹하고 황량했다. 그는 곧 인생 최악의 시기를 맞이했다. 투루한스크에서는 일상이 곧 투쟁이었다. (…) 많은 유형수가 극한의 날씨 속에서 사라져갔다. 이곳의 11월 초 기온은 섭씨 영하 33도에서 55도까지 떨어졌다. 입안의 침이 얼어붙을 정도였다".

스탈린의 이번 유배는 러시아 역사의 대변환기 동안 끝났다. 러시아는 심각한 식량 부족과 1차 세계대전 전장에서의 끔찍한 손실로 심각한 고통을 겪고 있었다. 나라가 혼란에 빠지고 식료품점의 진열대가 텅텅 비자, 사람들은 거리에 쏟아져나와 "황제 퇴위!"를 외쳤다. 1917년 3월 군대가 반란을 일으키기 시작했다. 약 6만여 명의 군인들마저 무장 반란에 가담하자, 결국 니콜라이 2세는 퇴위할 수밖에 없었다.

1차 세계대전이 발발하기 전인 1913년 베를린에서 만난
영국의 조지 5세(왼쪽)와 러시아 황제 니콜라이 2세.

1차 세계대전에서 러시아군의 기록을 보면 1914년 8월부터 재앙의 연속이었다. 1차 세계대전 중 가장 피해가 큰 전투 중 하나인 타넨베르크 전투에서 독일에 대패해 9만 2,000여 명의 러시아군이 포로로 잡혔다. 1차 세계대전 중 수백만 명의 민간인과 더불어 200만 명이 넘는 러시아 군인이 목숨을 잃었고, 이는 러시아인뿐 아니라 러시아 군대도 제정 폐지에 가담하게 되는 원인으로 작용했다.

차르가 권력을 포기하고 퇴위하자 힘이 약한 임시정부는 제국의회와 함께 새로운 러시아 공화국을 수립하려 시도했다. 새로운 민주정을 향한 이러한 시도는 처음부터 레닌이 이끄는 공격적인 볼셰비키의 방해로 8개월밖에 지속되지 못했다. 1917년 11월 볼셰비키 혁명이 일어나 볼셰비키가 러시아의 전권을 장악하고 공산주의 체제를 도입했다.

혁명 운동으로 인한 10여 년 동안의 망명을 마치고 돌아온 레닌은 볼셰비키가 지배하는 러시아군을 전쟁에서 철수시켰다. 그는 독일 황제가 제공한 기차를 타고 고국으로 돌아와 1918년 3월 3일 독일과 조약을 맺었다. 이에 따라 신생 소비에트(Soviet, '협의회council'라는 뜻) 정부는 과거 제정러시아가 통치했던 이웃 나라 우크라이나, 조지아, 핀란드의 독립을 인정하고 폴란드와 발트 3국인 리투아니아, 라트비아, 에스토니아를 독일과 오스트리아-헝가리 제국에 할양하고, 나머지 영토는 터키에 양도해야 했다. 이 조약으로 약 260만 제곱킬로미터에 달하는 과거 러시아제국의 영토를 잃게 된 것이다. 그러나 1918년 11월 독일의 패배로 전쟁이 끝난 후 이 지역들은 독립국가로 탄생했다.

볼셰비키는 크렘린(Kremlin)이라는 모스크바의 고대 성채를 장악해 소비에트 정부의 본부로 개조했고, 결국 공산주의 독재와 동의어가 되었다. 볼셰비키 혁명 이후 레닌이 차르의 제국을 장악했음에도 다른 러시아 단체들은 반격에 나섰다. 미국을 비롯한 외국 정부의 지원을 받는 구체제 지지자들과 지주, 사업가, 자본가들은 여전히 러시아에 민주 공화정이 수립되기를 바라고 있었다. 그 후 몇 년간 러시아와 동유럽의 많은 국가는 유럽 역사상 희생이 가장 컸던 유혈 내전에 휘말렸으며, 이는 볼셰비키가 통제권을 완전히 장악한 1922년까지 이어졌다.

볼셰비키 혁명의 상징인 망치와 낫이 곧 러시아, 즉 소련 전역에 휘날리게 되었다. 1917년 혁명 이후 과거 제국의 영토에 러시아 소비에트 연방 사회주의 공화국, 자캅카스 소비에트 연방 사회주의 공화국, 우크라이나 소비에트 사회주의 공화국, 벨라루스 소비에트 사회주의 공화국, 이렇게 4개 사회주의 공화국이 수립되었다.

1922년 12월 30일, 이들 나라는 소비에트 사회주의 공화국 연방(Union of Soviet Socialist Republics, USSR)을 결성했고, 이는 유럽에서 아

망치와 낫은 소련의 상징이 되었다.

악의 패턴

시아에 걸쳐 발트해에서 태평양을 아우르는 새로운 대제국이었다. 망치는 공장 노동자를, 낫은 농민을 상징했다. 망치와 낫이 연합해 마르크스가 말한 '프롤레타리아 독재'를 이루어냈다. 프롤레타리아 (Proletariat)는 본래 '노동자' 또는 '노동계급'을 의미하는데, 고대 로마에서 재산이 없는 자들을 가리켜 프롤레타리아라고 불렀다는 기록도 있다. 사회주의의 이상은 구체제를 전복해 모든 시민이 무상교육과 일자리, 음식, 주거, 의료 혜택을 누릴 수 있는 '노동자의 낙원'을 만드는 것이었다.

그러나 세상이 뒤집혔지만 러시아인에게 낙원은 펼쳐지지 않았다. 잔혹한 내전 중 차르 니콜라이 2세와 그의 가족은 연금 상태였다. 난공불락이었던 그의 모스크바 크렘린궁은 새로운 공산주의 세력의 중심이 되었고, 레닌과 스탈린은 한때 황제의 궁전이었던 곳에 살았다. 1918년 7월 17일 이른 새벽, 황제 니콜라이와 그의 아내 알렉산드라, 다섯 아이(딸 넷과 아들 하나), 시종 넷은 일어나 재빨리 옷을 갈아입고 그들이 잡혀 있던 예카테린부르크 집 지하로 내려가는 명령을 받았다. 처형 명령서가 낭독되고, 10여 명의 군인이 그들 가족을 향해 총을 쏘기 시작했다. 하지만 탈출할 경우를 대비해 딸들의 코르셋에 꿰매둔 보석에 총알이 맞고 튕겨나가 그들이 죽지 않자 사형 집행자들은 그들을 총검으로 찔러댔다.

300년 동안 이어진 로마노프 왕조는 이렇게 잔혹하게 막을 내렸다. 사형 집행인들은 이들의 시신에 산을 뿌려 없애거나 훼손할 계획이었지만 그 계획은 실행하지 못했고, 황제 니콜라이 2세와 황후 알렉산드라, 세 딸의 유골이 1991년 발굴되었다. 2008년 DNA 검사를 통해, 사형이 집행되었던 예카테린부르크의 한 무덤에서 한 해 전에 발견된 한 소년과 소녀의 유해가 황태자 알렉세이와 그의 또 다른 누나임이 확인되었다. 로마노프 가족의 목숨을 앗아간 폭력은 이후 러시아 지배권을 놓고 벌어질 치열한 유혈 투쟁을 예고하는 징조였다.

혁명의 바람이 거세게 불던 시기, 스탈린은 당내에서 낮은 지위에 머물러 있었다. 레닌은 그가 배움이 짧고 거칠다고 생각했지만, 스탈린은 충성심과 은행 강도, 즉 자금 조달책으로서 자신의 가치를 입증했다. 1922년 스탈린은 공산당 중앙위원회 서기장으로 임명되었다. 그는 새로운 지위를 이용해 조직을 장악하고 레닌에 대한 접근을 통제해 권력을 공고히 했다.

스탈린은 친구와 동지들을 요직에 앉히는, 일명 족벌주의 인사를 통해 1953년 죽을 때까지 지속될 미래 독재의 기반을 닦았다. 그는 이렇게 거의 모든 중앙 지도부 위원 자리에 자기 사람을 심었다. 심지어 뇌졸중으로 투병 중인 레닌조차 1924년 죽을 때까지 스탈린에게 빼앗긴 통제권을 되찾지 못했다. 레닌 사후 스탈린은 러시아 혁명의 핵심 지도자 중 하나인 그의 최대 라이벌 레온 트로츠키 (Leon Trotsky)를 제거함으로써 지배력을 더욱 굳건히 했다. 권력투쟁에 패한 트로츠키는 러시아에서 추방되었고, 1940년 멕시코시티에서 스탈린의 지령에 의해 암살되었다.

스탈린이 단지 '멍청한 폭력배'라고 생각하는 이들도 있지만, 그는 원대한 야망과 끝없는 권력욕을 가진 사람이었다. 그는 어떠한 대가

1922년 병중의 레닌과 만난 스탈린.

를 치르더라도 소련을 변혁시키기로 결심하고 농업 국가를 20세기 산업국가로 변모시킬 5개년 계획에 착수했다. 1차 5개년 계획의 핵심은 국가가 모든 것을 통제하는 것을 의미하는 '집단화'였다. 사유재산은 더 이상 존재하지 않았다.

스탈린의 집단화 정책은 믿을 수 없을 정도로 가혹하고 폭력적이며 끔찍한 악몽이었다. 지방 농민은 노예제와 별반 다르지 않은 제도였던 농노제에서 갓 벗어난 세대였다. 1861년 농노제가 폐지되면서

2,300만 명이 넘는 농노가 지주에게서 해방되었다. 이들 과거의 농노는 스탈린 치하에서는 집단농장이나 국영 공장에서 일해야 했다.

자신의 농장을 가질 정도로 부유해진 수십만 명의 부농(kulak)이 검거되어 처형되고 이들의 토지는 몰수되었다. 약간의 토지나 가축을 소유한 사람들도 사유재산을 인정하지 않는 소련의 이념에 따라 가진 것을 전부 빼앗겼다. 물론 부농 중 많은 이들이 이러한 조

러시아 농민 행렬이 "우리는 부농 계급을 청산하겠다"라고 쓰인 현수막 아래 서 있다.

악의 패턴

치에 반발해 '반혁명분자'로 간주되었다. 농촌에서 집단화에 따른 혼란과 저항이 이어지면서 농업 생산성이 떨어졌다. 생산된 곡물은 국가에 귀속되었다. 극심한 식량 부족 사태가 이어졌고, 1932년부터 1933년까지 대기근을 겪으며 러시아와 우크라이나에서 수백만 명이 죽었다.

역사학자 앤 애플바움(Anne Applebaum)은 이렇게 설명한다. "굶주림과 공포, 10년에 걸친 혐오와 음모론적 선동의 결과로 조직된 경찰과 공산당 활동가 팀들이 농민 가정에 들어가 감자, 순무, 호박, 줄기콩, 완두콩이며 오븐과 선반에 들어 있는 먹거리, 가축과 애완동물 할 것 없이 먹을 수 있는 거라면 죄다 챙겨가기도 했다. 농업의 집단화는 대재앙을 낳았다. 1931년부터 1934년 사이 소련 전역에서 최소 500만 명이 죽었다. 1932~1933년의 기근은 당시 망명자의 글을 통해 알려져 훗날 우크라이나어로 기근을 뜻하는 'holod'와 절멸을 뜻하는 'mor'에서 유래한 '홀로도모르(Holodomor)'로 불리게 되었다."

2차 세계대전 중 폴란드의 한 법학자가 이상의 정책들과 한 나라나 민족을 완전히 살해하려는 정책에 '대학살(genocide)'이라는 새로운 이름을 붙였다. 라파엘 렘킨(Raphael Lemkin)이 '인종', '부족'을 뜻하는 그리스어 'genos'와 '죽이다'라는 의미의 라틴어 'cide'를 결합해 새로운 용어를 만든 것이다. 1948년 유엔에서 규정한 정의에 따르면, 소련에 의해 생겨난 용어인 대학살은 "이처럼 국가, 민족, 인종, 종교 집단의 전체 혹은 일부를 파괴할 목적으로 행해진 다음 행위 중 하나를 의미한다".

- 집단 구성원을 살해하는 것
- 집단 구성원에 대해 심각한 신체적, 정신적 위해를 가하는 것
- 전부 혹은 부분적으로 신체적 파괴를 초래할 목적으로 특정한 생활 조건을 집단에 강요하는 것
- 집단 내의 출생을 방지하기 위해 의도적인 조치를 취하는 것
- 한 집단의 아동을 강제로 타 집단으로 보내는 것

앤 애플바움은 대학살이라는 용어가 "홀로코스트와 비슷한 방식으로 한 민족 전체를 물리적으로 제거하는 것"을 의미하게 되었다고 말한다. 하지만 원래 렘킨이 정의한 바에 따르면 홀로도모르는 대학살 행위에 해당한다.

대기근으로 엄청난 사망자가 발생한 직후 스탈린은 일명 대공포(the Great Terror) 혹은 대숙청(the Great Purge)을 시작한다. 1937년부터 1938년까지 수십만 명이 간첩 행위나 소련에 대한 '이적 행위' 같은 정치범죄로 고발되었다. 그리고 많은 사람이 '보여주기식' 재판에 따라 혹은 어떤 법적 절차도 따르지 않고 즉결 총살형에 처해졌다. 즉결 처형을 면한 사람들은 노동 교화소인 굴라크(Gulag)로 보내졌다. 그곳에서는 수백만 명이 기아와 질병, 폭행, 과도한 노역으로 사망했다.

목표는 살벌할 정도로 간단했다. 스탈린과 크렘린 지도부에 대한 일말의 위협도 제거한다는 것이었다. 전기 작가 로버트 서비스는 이렇게 썼다. "스탈린은 대공포로 가는 움직임에 발동을 걸고 계속 끌

고 갔다. 다른 누구도 아닌 그 자신이 투옥, 고문, 노역, 총살을 계획했다. (…) 그가 행동하자, 잔인성은 오소리 덫처럼 기계적으로 작동했다."

1939년 스탈린은 《타임》지 선정 '올해의 인물'로 뽑혔는데, 이를 통해 이 상은 가장 위대한 사람이 아닌 가장 영향력이 큰 인물을 기리는 것임을 재확인할 수 있다. 아돌프 히틀러는 1938년 '올해의 인물'이었다. 《타임》은 스탈린을 선정한 이유를 이렇게 밝혔다. "이오시프 스탈린은 살아 있는 동안 자신을 신격화하기 위해 큰 노력을 기울여왔다. 아첨을 하자니 너무 속이 빤히 들여다보이고, 칭송을 하자니 할 거리가 너무 많다. 그는 사회주의 지혜의 샘이다." 스탈린은 1942년에 또다시 '올해의 인물'로 선정되었는데, 이는 첫 번째 기준에 따른 것이었다.

소련의 감옥과 노동 교화소에 수용된 인원은 1939년 초반에 이미 800만 명을 넘어섰다. 2년간의 대공포 기간에 소련 인구 20명 중 1명이 체포되었고, 그중 90퍼센트가 목숨을 잃었다. 1937년부터 1938년 사이에만도 150만 명이 처형되고 200만 명이 넘는 사람들이 수용소에서 죽었다. 역사가들은 스탈린 독재 시기에 약 1,800만 명이 굴라크행 선고를 받았고, 1930년대 초 집단화 시기에는 1,000만 명에 이르는 농민이 죽거나 살해되었을 것으로 보고 있다.

이상의 숫자에는 2차 세계대전, 소련식으로 일명 '대애국전쟁(Great Patriotic War)'의 사망자 수는 포함되지 않았다. 스탈린 치하에서 기근과 숙청의 피바람이 불고 있는 사이 1939년 유럽 전역에서는 전운이 감돌고 있었다. 독일이 군대를 동원하고 있고 히틀러가 소련을 공격하려 한다는 경고에도 불구하고, 스탈린은 나치와의 불가침조약에 동의했다. 그 덕분에 1939년 히틀러가 서쪽에서 폴란드를 침공하고 2주 후, 스탈린은 안심하고 동쪽에서 폴란드를 침공할 수 있었다.

하지만 히틀러는 스탈린과의 약속을 깨뜨렸다. 동유럽의 석탄, 석유, 광활한 농경지를 호시탐탐 노려왔던 히틀러는 1941년 바르바로사 작전으로 소련 침공을 개시했다. 약 400만 명의 독일군과 이탈리아군이 소련으로 진격했다. 전쟁 역사상 최대 규모의 침공이었다. 그들은 폴란드, 동유럽, 소련의 공화국들을 거쳐 진격하면서 정복지의 군인과 민간인을 나치 강제수용소로 보내거나 노역형에 처하고 끔찍한 공격을 저질렀다.

"홀로코스트는 살인 이상의 것을 염두에 두고 있던 독일의 계획에 그림자를 드리웠다." 역사학자 티머시 스나이더(Timothy Snyder)는 이렇게 썼다. "히틀러는 유대인을 없앨 뿐 아니라 폴란드와 소련이라는 국가 자체를 파괴하고자 했다. 이 나라의 지배층을 말살하고, 수천만의 슬라브인(러시아계 우크라이나인, 벨라루스인, 폴란드인)을 죽이려 했다. 독일이 스탈린의 소비에트 연방을 상대로 일으킨 전쟁이 계획대로 진행되었더라면, 첫해 겨울에 3,000만 명의 민간인이 굶주렸을 테고, 그 후 1,000만 명이 넘는 사람들이 추방되거나 죽임을 당하고 동화되거나 노예화되었을 것이다. 이러한 계획이 실현되지는 않았지만, 소련의 동독 점령 정책에 교훈이 되었다."

히틀러의 대규모 침공으로 인해 소련이 파괴될 위험에 직면하자 스탈린은 1941년 연합국 측에 합류한다. 미국이 참전하기 전이었지만, 미국 대통령 프랭클린 D. 루스벨트(Franklin D. Roosevelt)는 소련에 군사 원조를 제공하는 데 동의했다. 그리고 1941년 12월 미국이 독일과 일본을 상대로 선전포고를 하면서 미국과 소련은 히틀러를 막기 위한 십자군 전쟁의 완벽한 파트너가 되었다. 그리하여 미국과 영국, 다른 연합국은 서쪽에서, 소련은 동쪽에서 나치를 공격했다.

나치의 침공을 막아내기 위해 전례 없이 잔혹하고 긴 투쟁을 버텨

1945년 베를린 공방전 이후 폐허가 된 베를린.

낸 끝에, 스탈린은 복수할 절호의 기회를 잡았다. 그는 무자비하게 독일을 공격했고, 폭격당한 베를린에서 붉은군대가 무서운 분노를 표출하게 했다. 스탈린의 지휘관들이 배급한 보드카 술기운에 힘입어 소련군은 바르바로사 작전으로 사망한 1,600만 명의 민간인을 비롯해 2,700만 명의 죽음에 복수하러 나섰다.

1945년 봄, 베를린 함락은 2차 세계대전의 잔혹한 역사에서 가장 기괴한 장면으로 남아 있다. 스탈린은 그의 장군들끼리 경쟁을 붙여 소련군이 처음으로 베를린에 입성하게 했다. 스탈린은 소련군이 히틀러의 독일에 잔혹하게 복수할 것이라고 예상했다. 소련군이 의사당 위로 망치와 낫이 그려진 깃발을 휘날리면서 히틀러의 제3제국은 종말을 맞이했다.

소련이 나치를 정복하면서 세계사의 흐름이 바뀌었다. 연합군의 협정에 따라 점령지 독일은 네 곳으로 나뉘어 각각 미국, 영국, 프랑스, 소련의 통제를 받았다. 소련 점령 지역에 있던 베를린도 마찬가지로 분단되었다. 동독과 동베를린이 스탈린의 지배하에 들어가면서 분단된 독일은 다음 반세기 동안 냉전의 중심이 된다.

스탈린은 붉은군대가 나치로부터 해방시킨 지역에 공산주의 정부를 설치하기 시작했고, 마침내 동유럽이 소련의 수중에 떨어지게 되었다. 스탈린의 심복들은 모스크바의 크렘린으로부터 비밀경찰과 이웃 감시제, 언론의 국가 통제, 개인의 자유 근절 등 온갖 공포 전술, 친숙한 진압 수단을 동원해 포로가 된 국가들을 철권 통치했다. 사법부와 입법부 같은 민주 기관은 소련이 위임한 경찰국가로 대체되었다. 모든 사유재산은 국유재산이 되었다. 그리고 항상 그의 배후에는 언제든 정권의 명령에 따라 진격할 준비가 된 탱크 부대가 있었다.

새로운 세대의 충성스런 젊은이를 만들어내기 위해 독재자들이 즐겨 쓰는 방법 역시 소련식으로 활용되었다. 훗날 가족과 함께 소련을 탈출한 유진 옐친(Eugene Yelchin, 구 소련 출신의 그림책 작가–옮긴이)에 따르면, 레닌 시절 9세부터 15세 청소년 대상으로 처음 조직된 공산주의 청소년 단체 '젊은 개척자들(Young Pioneers)'이 '위대한 지도자이자 스승'인 스탈린 치하에서 더욱 성장하고 확대되었다. 옐친은 이렇게 썼다. "그토록 수많은 무고한 사람을 체포하기 위해서는 범죄를 만들어내야 했다. 스탈린은 선전으로 보통 사람들을 속여 수많은 스파이와 테러리스트들이 시민들의 안전을 위협한다고 믿게 했다. 공포에 젖은 소련 시민들은 스탈린에게 지도와 보호를 갈구하게 되었고, 이내 그의 인기가 종교 수준에 이르렀다. '모든 소련 어린이의 아버지'는 퍼레이드와 기념행사가 진행되는 동안에는 미소 지으며 지지자들에게 손을 흔들었으며, 밤에는 크렘린 집무실에서 무고한 사람들을 재판조차 없이 총살하도록 명령하는 문서에 서명했다."

스탈린의 경찰국가가 삼킨 사람 중에는 친구에게 스탈린을 비판하는 편지를 썼다는 이유로 10년 형을 선고받은 붉은군대 병사 알렉산드르 솔제니친(Aleksandr Solzhenitsyn)이 있다. 그는 1962년 소설 『이반 데니소비치의 하루(One Day in the Life of Ivan Denisovich)』에서 노동 교화소에서의 삶을 묘사했다. 1970년 노벨 문학상을 받은 그는 1973년 작가, 교수, 그 밖의 지식인을 포함한 소련 반체제 인사와 일반 범죄자들이 노역형을 받고 수감되어 있는 강제수용소를 생생히 묘사한 『수용소군도(The Gulag Archipelago)』를 썼다.

"이데올로기, 그것은 악행에 그럴듯한 정당성을 부여하고 악을 저지르는 이에게 필요한 꾸준함과 결단력을 부여한다. 그의 행동이 자신과 다른 사람의 눈에 악행이 아닌 합리적인 행동으로 보이게끔 하는 사회 이론이다. (…) 그래서 종교재판관은 그리스도교를 들먹이며 자신들의 의지를 강화하고, 침략자는 조국의 위대함을 찬양하고, 식민주의자들은 문명으로, 나치는 인종을 이념으로 내세웠다. (…) 악을 저지르는 자들이 없었다면 『수용소군도』도 존재하지 않았으리라."

조지아의 가난한 구두 수선공과 신앙심 깊은 부인의 아들 이오시프 비사리오노비치 스탈린은 사후 한참 뒤 20세기 역사에 길이 남을 인물이 되었다. 히틀러와 마찬가지로 스탈린은 도살자, 괴물, 악마라고 불릴 만하다. 그러나 로버트 서비스의 지적처럼, "20세기의 가장 잔인한 정치인들을 연구하면서 깨달은 점은 그들을 우리와 전혀 비교할 수 없는 별개의 존재로 그려서는 안 된다는 점이다. 그것은 잘못일 뿐 아니라 위험한 것이기도 하다. 만약 스탈린 같은 사람을 '짐승', '괴물', '살인 기계' 같은 별종으로 치부해버린다면, 뒤이어 등장할 그들의 후계자를 알아볼 수 없기 때문이다".

타임라인
이오시프 스탈린의 일생

1878년 12월 18일 ··· 러시아제국 조지아 고리시에서 훗날의 이오시프 스탈린, 이오시프 주가시빌리 태어나다.

1912년 ··· 스탈린, 《프라우다》 창간, 초대 편집자가 되다.

1914년 8월 ··· 1차 세계대전 발발.

1917년 11월 ··· 볼셰비키가 러시아 정부를 장악하다.

1918년 7월 17일 ··· 러시아 황제 니콜라이 2세와 그의 가족이 처형되다.

1922년 ··· 스탈린, 공산당 서기장에 취임하다.

1928년 ··· 1차 5개년 계획으로 농업 집단화가 시작되다.

1932~1933년 ··· 홀로도모르. 기아로 우크라이나 농민들이 대량 학살되다.

1937~1938년 ··· 대숙청이 일어나 스탈린의 권력 경쟁자들이 처형, 망명, 투옥으로 제거되고, 이때 수백만 명이 사망한 것으로 추정된다.

1939년 8월 23일 ··· 독소불가침조약인 몰로토프-리벤트로프 조약 체결.

1939년 9월 1일 ··· 독일의 폴란드 침공으로 2차 세계대전 발발.

1939년 9월 17일 ··· 소련, 동쪽에서 폴란드 침공하다.

1941년 6월 22일 ··· 바르바로사 작전으로 독일이 소련을 침공하다.

1945년 2월 ··· 얄타회담에서 스탈린, 윈스턴 처칠, 프랭클린 D. 루스벨트가 점령 독일의 분할 계획을 세우다.

1945년 5월 2일 ··· 소련 붉은군대가 베를린을 함락하다.

1945년 5월 8일 ··· 연합국, 독일의 항복을 수용하다.

1945년 7월 17일 ⋯⋯ 포츠담회담에서 서방 강대국들은 전쟁 중 스탈린의 병합을 묵인
~8월 2일 하고 동유럽 지도를 다시 그림으로써 냉전의 씨를 뿌리다.

1953년 3월 5일 ⋯⋯ 이오시프 스탈린 사망하다.

CHAPTER

★ ★ ★ **6** ★ ★ ★

대장정

문화대혁명이 막 시작된 1966년 6월, 마오쩌둥 어록 『소홍서』를 들고 톈안먼 광장에 모인 홍위병들. 10여 년의 대격변 속에서 100만 명이 넘는 젊은이가 목숨을 잃은 것으로 추정된다.

마오쩌둥
이야기

혁명은 저녁 만찬 모임을 갖는 것도 아니고, 글을 쓰는 것도,
그림을 그리고 자수를 놓는 행위도 아니다. (…) 혁명은 폭동이다.
한 계급이 다른 계급을 전복하는 폭력 행위인 것이다.

— 마오쩌둥

…

마오쩌둥이 정적을 숙청하는 데 광란하던 시기, 수백만 명이
피를 흘리며 죽어갔으며 그보다 많은 사람이 억울하게 감옥살이를 했다.
공장은 문을 닫고 노동자들은 거리로 몰려나와 "마오 주석 만세!"를
외쳤다. 학교는 문을 닫고 마오에게 선동된 젊은이들은 선생들을 때리고,
절을 불태우고, 고대 유물을 파괴했다. 그걸로도 부족해 자신들의
부모마저 고발해 더 많은 희생자를 만들어냈다.

— 첸다, 『중국의 아들』 중에서

…

양국 간 차이가 있지만, 저마다의 길에서 각자의 방식으로
발전시키는 것이 안전할 수 있는 세계 구도를 건설했다는
공통점이 있습니다. 세계 다른 나라들에서는 볼 수 없는 점입니다.

— 리처드 닉슨이 마오쩌둥에게

…

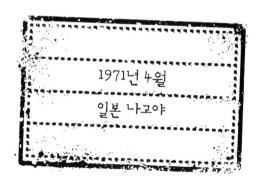

1971년 4월

일본 나고야

탁구공 오가는 소리가 전 세계에 울렸다.

　무솔리니와 히틀러에게는 확실히 스포츠가 중요했다. 그리고 스탈린과 공산당 지도자들 치하의 소련과 동유럽 동맹국들은 올림픽 대표팀을 공산주의 통치의 우월함을 입증하는 매우 중요한 수단으로 여겼다.

　하지만 현대사에서 1971년 4월에 열린 탁구 대회만큼 중요한 스포츠 경기는 없었다고 해도 과언이 아니다. 미국 탁구팀은 세계 탁구 선수권 대회 참가차 일본으로 떠났다. 이번에는 중화인민공화국 탁구팀도 참가했다. 엄격히 통제되던 공산주의 국가를 떠나 서방 국가에 방문하는 것이 수십 년 만에 처음으로 허용된 것이었다. 1952년 헬싱키 올림픽에 수영선수 한 명을 보낸 뒤 중화인민공화국은 1980년까지 한 번도 올림픽 선수단을 보내지 않았다. 폐쇄적인 사회였던 공산주의 중국은 외부인의 출입도 거의 허용하지 않았다.

중국 대표팀을 태운 버스에 열아홉 살의 미국 선수가 오르자 어색한 분위기가 감돌았다. 두 나라는 적국이었다. 중화인민공화국이 탄생한 1949년 이래 양국은 공산주의와 서구 민주주의 진영의 냉전과 분쟁 속에서 줄곧 적대 관계였다. 1950년부터 1953년까지 한국 전쟁이 벌어지는 동안 미국과 중국은 핵전쟁 일촉즉발의 상황으로 대립했고, 1971년 한창 치열했던 베트남 전쟁에서도 중국은 북베트남 공산주의자들을 지지하고 미국은 남베트남을 지지했다.

공공연한 히피였던 글렌 코완(Glenn Cowan)은 통역을 통해 대화를 나누며 긴장을 풀어보려 했다. "나도 알아요. 내 모자며 머리 모양, 옷까지 당신들 눈에 우스꽝스러워 보이겠죠." 그가 말문을 열었지만 아무런 반응이 없었다. 중국팀은 미국인들에게 정중히 인사하라는 말만 들었다. 그런데 중국팀 주전 선수가 앞으로 나와 이 젊은 미국 선수에게 악수를 건네자, 코완은 자기도 모르게 중국에 가보고 싶다고 답했다. 선수들은 선물을 교환했고, 코완은 이 중국 선수(1961년, 1963년, 1965년 세계 선수권 남자 단식을 석권하며 중국 탁구 시대를 연 좡쩌둥 – 옮긴이)에게 비틀스의 〈렛잇비(Let it be)〉가 인쇄된 티셔츠를 주었다.

마오쩌둥의 중국에서는 비밀이란 존재하지 않았다. 이 만남은 공산당 지도부까지 보고되었다. 이 짧은 만남은 곧 예상치 못한 놀라운 결과를 낳았다. 미국팀은 중국인의 뜨거운 환영을 받으며 중국 전역에서 친선 대회를 가졌다. 이번 초청은 중국의 무소불위 지도자이자 독재자인 마오쩌둥 주석의 찬성이 있었기에 가능한 일이었다.

이는 우연히 내린 결정이 아니었다. 당시 중국과 그 오랜 동맹국이던 소련은 더 이상 전처럼 우호적인 관계가 아니었다. 이데올로기의 차이가 두 나라의 관계에 쐐기를 박았다. 중국이 1964년 원자폭탄 실험에 성공한 데 이어 1969년에는 두 공산주의 초강대국 간에 국경 지대에서 분쟁이 일어났다. 두 나라가 공유하는 국경 지대에 양국 군대가 집결했다(소련에서는 다민스키, 중국에서는 진바오라고 부르는

리처드 닉슨 미국 대통령이 1972년 2월 베이징에서 열린
친선 탁구 경기에 참석했다.

우수리강 하류의 중소국경지대 섬의 영유권 문제-옮긴이).

분쟁이 확대될 조짐이 보이자 중국 지도부는 냉전 시대 소련의 적성국인 미국의 문을 열고자 했다. 미국 정치인들도 오랜 적인 중국과 소련의 사이가 벌어지기를 바랐다. 리처드 닉슨은 대통령이 되기도 전에 기고한 글에서 이렇게 썼다. "중국이 국제사회 밖에 고립된 상태로 영원히 둘 수는 없다."

대부분 미국인에게 탁구는 교외 주택의 지하실이나 학교 체육관에서 하는 가벼운 취미 운동이었다. 1988년에야 올림픽 정식 종목으로 채택될 만큼 국제 스포츠에서 주종목이 아니었다. 그런데 이러한 탁구 경기가 역사를 바꾸는 외교적 돌파구가 된 것이다.

미국팀은 일주일 동안 중국을 순회하면서 승부를 가리는 것이 중요하지 않은 일련의 시범 경기를 치렀다. 중국 선수단은 친절한 홈팀으로서 손님들이 체면치레할 수 있도록 배려했다. 그런데 4월 17일 손님들이 떠날 무렵, 탁구 라켓과 작은 하얀 공이면 되는 간단한 게임이 세계 힘의 균형을 바꾸기 시작했다. 이번에는 중국팀이 미국에 초대받은 것이다.

1994년 톰 행크스 주연의 영화 〈포레스트 검프〉에서 포레스트 검프가 미국 선수로 중국에 방문하는 장면으로 다시 유명해진 이 '핑퐁 외교'는 곧 더욱 충격적인 발표로 이어졌다. 리처드 닉슨 대통령이 중국을 방문하기로 한 것이다.

오늘날에는 중국 학생들이 미국 대학에 다니고 미국 관광객이 만리장성 같은 유적지를 찾는다. 유아용 완구에서 스마트폰, 컴퓨

터에 이르기까지 중국산 제품이 미국 상점을 가득 채우고 있다. 그리고 미국 기업들은 세계 최대 소비자 시장에서 열렬히 발판을 찾고 있다. 하지만 1972년 당시에는 어떤 현직 미국 대통령도 미국의 적성국인 중국 본토에 발을 들여놓은 적이 없었다. 그래서 리처드 닉슨이 공산주의 국가를 방문하는 것이 그토록 특별한 뉴스였던 것이다. 1968년 대통령에 선출된 닉슨은 강경한 반공산주의자로서 정치 경력을 쌓아왔었다. 하원의원 시절이던 1940년대 후반 미국 내 공산주의자와 소련 스파이를 끈질기게 색출하며 반공주의자의 명성을 확고히 했다. 닉슨은 1959년 드와이트 아이젠하워 (Dwight Eisenhower)의 부통령으로서 모스크바 박람회에 방문해 미국에서는 대중적으로 널리 사용되는 최신 소비재들을 갖춘 전형적인 미국 주택 모습으로 꾸민 미국관에서 소련의 지도자 니키타 흐루쇼프(Nikita Khrushchyov)와 언쟁을 벌인 일로 화제가 되었다. 비록 닉슨이 1960년 대통령 선거에서 존 F. 케네디에게 패하긴 했지만, 그들의 언쟁이 '주방 논쟁(Kitchen Debate)'으로 텔레비전으로 방송되며 닉슨은 인기를 얻었다.

그리고 마오에 대해 말하자면, 1972년 마오쩌둥이 스탈린처럼 수백만 중국인을 기아 상태에 내몰고 투옥, 고문, 처형해 죽음으로 이끈 무자비한 지도자라는 사실이 이미 널리 알려져 있었다.

닉슨이 "세상을 바꾼 한 주"라고 부른 방문 동안, 이 미국 대통령은 마오쩌둥 주석과 만나 악수를 나눴다. 전기 작가 필립 쇼트(Philip Short)는 이 역사적인 만남을 이렇게 묘사했다. "한 사람은 세계 최강

1972년 닉슨 대통령과 마오쩌둥 주석의 만남.

의 경제력과 군사력을 바탕으로 국제 자본주의의 성채를 지켰다. 다른 사람은 8억 명의 혁명적 공산국가에서 누구도 넘보지 못할 권력을 쥐고 있었고, 그의 사상에 따르면 자본주의는 어디서 출현하든 타도해야 할 대상이었다. 다음 날《인민일보》에 실린 사진은 중국과 전 세계에 세계 힘의 균형이 완전히 바뀌었음을 선포했다."

이 특별한 만남은 미국인들만큼이나 수세기 동안 서구 세계와 단절되어 있던 사람들도 상상조차 하지 못한 장면이었다. 중국인들은 외국인들을 막기 위해 벽을 쌓은 고대 문명의 후예였다. 여러 면에서 그들은 여전히 그 벽 뒤에 살고 있었다. 그런데 철권통치를 한 독재자가 오랜 적과 악수를 나눈 것이다.

마오쩌둥은 1893년 12월 26일, 음력으로 뱀띠 해인 계사(癸巳)년 11월 19일에 부농 집안에서 태어났다. 그의 아버지 마오이창(毛貽昌)은 소작농이었지만, 군인으로 복무하며 봉급을 모아 곡창지대인 후난성 외딴 마을 샤오산에 논밭을 사들였다. 마오이창은 당시 중국 기준으로는 부농에 속했고, 점차 다른 소작농의 저당권을 사들여 지주가 되었다.

어린 시절 마오는 오리를 돌보고 추수를 돕는 등 농사일을 도와야 했다. 그는 여덟 살이 되자 서당에 다니기 시작했다. 그의 아버지는 가업을 잇는 데 도움이 될 기초 교육을 시키려 했다. 당시 중국 소년에게 교육이란 유교의 엄격한 가치, 즉 고대부터 체계화된 도덕과 행동 규범, 윤리 의식을 주입식으로 배우는 것을 의미했다. 유교 사상의 기본은 부모의 마음을 가진 현명한 군주가 다스리는 강력한 중앙집권 국가였다.

서양 학생들이 수세기 동안 고대 그리스와 라틴어 문헌을 베껴 쓰고 읽어야 했던 것처럼, 중국 교육도 공자의 말씀을 외운 뒤 글로 정확히 옮겨 쓰는 엄격함을 강조했다. 훗날 마오는 공자의 유교 도덕을 강요하는 고대 유교 경전을 좋아하지 않았다고 인정했다. 그러나 농촌 생활을 벗어나기를 꿈꾸던 소년에게 교육은 탈출구였다. 과거 시험에 합격하면 조정에 관직을 얻을 수 있기 때문이었다.

마오쩌둥은 어린 시절부터 반항적인 태도를 보여 열네 살도 되기 전에 다니던 서당 몇 군데에서 쫓겨났다. 그리고 열네 살 때 중매결혼을 거부함으로써 중국의 엄격한 관습을 송두리째 흔들어놓았다. 마오의 아버지는 10대 아들을 친척의 10대 딸과 결혼시키려 했었다. 당시 중국의 10대에게 중매결혼은 흔한 일이었다. 하지만 부모에게 반항하는 것은 수치스럽고 충격적인 행위였다. 정식으로 결혼 절차가 이행되었음에도 마오는 한 번도 뤄(羅)씨를 아내로 여긴 적이 없다고 말했다(마오가 집을 떠나 친구들과 지냈지만, 뤄씨는 죽기 전까지 몇 년 동안 마오 집안에 머무른 것으로 추정된다).

10대 아들이 아버지의 바람을 대놓고 거절한 것은 매우 괘씸한 행동이었다. 가문에서 쫓겨나거나 심각한 벌을 받을 만한 행위였던 것이다. 하지만 마오는 조금도 후회하지 않았다. "내 권리를 지키기 위해 대놓고 반항하면 아버지는 누그러지셨지만, 내가 약하고 복종하는 태도를 보이면 더 때리기만 한다는 사실을 깨달았다."

그가 이렇게 반항적인 태도를 보인 것은 앞으로 일어날 일의 징조였을까? 마오의 어느 전기 작가는 말한다. "이 16세의 젊은이는 역사적 대변혁기에 매우 중국적인 반항아가 되었다. (…) 그래도 그는 아버지가 용납할 범위를 넘어설 만큼 덤벼들지는 않았다." 이처럼 반항을 했음에도 불구하고, 마오는 열일곱 살 때 후난성 성도에 있는 학교에 입학할 수 있었다. 창사(長沙)의 고등소학교에서 마오는 새로운 도전에 직면했다. 농촌 출신이라는 이유로 조롱과 괴롭힘을 당했고, 낡은 옷과 사투리 때문에 부유한 학생들에게 놀림받았다. 이러한 경험이 마오쩌둥의 성격 형성에 영향을 미쳤다고 간단히 평가할 수도 있다. 그러나 놀림과 괴롭힘은 모든 문화권에서 매우 흔히 일어나며 못된 아이들도 어디에나 있다. 하지만 그렇다고 해서 마오쩌둥이 어떠한 반대도 허용하지 않는 경직된 공산주의 경찰국가를 만드는 과정에서 살인을 자행한 것을 정당화할 수는 없다.

괴롭힘을 겪은 것 외에도 마오는 창사에서 반란의 기운을 감지할 수 있었다. 젊은 마오는 분위기가 변하고 있다는 사실을 깨달았다. 세계에서 가장 오래된 문명 중 하나가 이제 현대 세계와 정면으로 만나려 하고 있었다.

오랜 전제 왕조 통치를 거치는 동안 중국은 지구상에서 가장 발전된 문명 중 하나가 되었다. 중국인들은 화약, 종이, 나침반을 발명했다. 역사학자 대니얼 부어스틴(Daniel Boorstin)이 묘사했듯 "부족함이 없는 제국"이었다. 중국이 서양의 접근을 거절한 이유 중 하나다. 미국 독립혁명 당시 영국 국왕이던 조지 3세가 중국과 무역 개방을 시도하자, 당시 황제는 "우리는 부족한 게 없으니 당신네 나라의 공산품도 필요 없다"며 그 요구를 일축했다. 농업 의존도가 높은 중국은 19세기 후반까지 수세기 동안 변하지 않았고, 다른 열강들에 비해 뒤떨어진 체제로 작동해왔다.

이미 부패와 빈곤으로 약해져 있던 중국의 오랜 봉건 질서가 흔들리고 있었다. 현대에 접어들며 몰락의 길을 걸었던 유럽과 러시아의 왕조처럼 1911년 무렵 중국의 고대 제국도 공격을 받았다. 마오는 민주주의와 혁명을 향한 열망이 구제도를 무너뜨리는 과정을 지켜봤다.

현대 산업 세계가 강압적으로 중국에 진출하기 시작했다. 서구 국가들은 중국 제품을 원했고 영국이 들여온 아편을 비롯해 자국의 제품을 중국에 팔고자 했다. 외국인들의 이러한 행위와 기독교 선교사들의 영향력이 중국 전역에 확대되는 데 분개한 중국 정부의 보수파들은 외국의 영향력을 차단하기 위해 비밀 조직인 의화단(義和團)을 결성했다. 외국인들은 이 조직을 권투선수(Boxer)라고 불렀는데 이들의 무술 연습 광경이 마치 혼자 복싱 연습을 하는

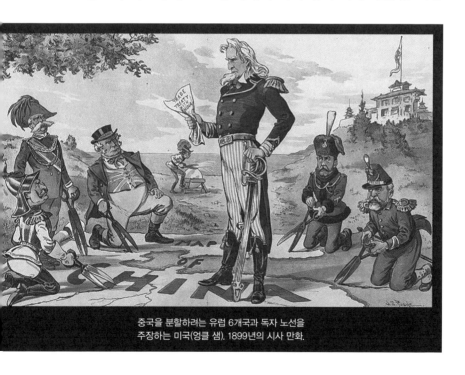

중국을 분할하려는 유럽 6개국과 독자 노선을
주장하는 미국(엉클 샘). 1899년의 시사 만화.

악의 패턴

것처럼 보였기 때문이다.

1900년 6월 의화단은 교회와 외국인 거주지를 태우고 기독교로 개종한 중국인들을 살해했다. 그러고 얼마 지나지 않아 서태후는 의화단과 손을 잡고 모든 외국인을 죽이라고 명령했다. 미국 등 8개국이 2만여 명의 병력을 파견해 의화단의 반란을 진압하고 8월에 수도 베이징을 점령하면서 전투는 일단락되었다. 1년여에 걸친 협상 끝에 중국은 이들 외국 연합군에 배상하는 데 동의했다. 의화

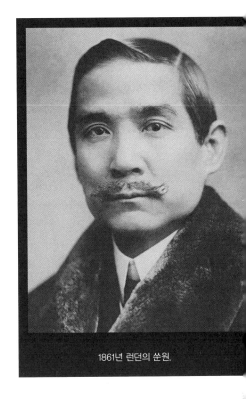

1861년 런던의 쑨원.

단 운동은 외세의 영향력과 무력을 막아내지 못한 중국 정부의 무력함을 보여주는 상징이 되었다.

20세기가 도래하자 많은 중국인이 현대 사상에 눈뜨게 되었다. 그중에서도 민주주의를 받아들이고 중국의 전제군주제를 종식하자는 사상에 관심을 갖는 이가 많아졌다. 이렇게 떠오르는 중국 공화주의 운동을 뒤에서 이끈 지도자는 서구 기독교 교육을 받은 쑨원(孫文)으로, 그는 황제가 퇴위하기 전에 선포된 중화민국(中華民國)의 임시 대총통을 지냈다. 쑨원은 전제 질서를 전복한 혁명가로 조지 워싱턴처럼 중국의 국부(國父)로 추앙받는다. 쑨원의 공화주의 이상

에 고무된 병력이 1911년 무장 봉기를 일으켰다. 이에 전국 각지에서 반란이 일어나면서 전통 체제가 무너졌고, 일부 지역에서는 유혈 학살도 일어났다.

마오와 몇몇 학교 친구들도 혁명 운동에 참여했다. 황제에 대한 반발심을 상징하기 위해 마오와 그의 친구들은 변발을 잘랐다. 모든 문화권에서 머리 모양은 단순히 개인의 스타일 이상의 의미가 있다. 중국에서 변발은 만주족 황제에 대해 수세기 동안 이어져온 복종의 표시였다. 마오와 친구들은 변발을 자르고 혁명군의 신병으로 입대

1913년 변발을 한 10대의 마오쩌둥.

했지만 실제 전투에는 참여하지 못했다. 그러나 1912년 2월 12일, 마침내 중국 군주제가 무너졌다. 갓 여섯 살이 된 중국의 마지막 황제가 퇴위하고 중화민국이 탄생하면서, 수천 년 동안 이어진 황제의 전제정치가 일순간에 충격적인 종말을 맞이했다. 수년 후 마오는 당시를 이렇게 회상했다. "혁명이 끝났다고 생각해서 군대를 그만두고 다시 책으로 돌아가기로 결심했다. 반년 동안 군 생활을 한 것이다."

마오는 교실로 돌아왔고, 이미 고대 전통이 일소되었다는 사실을 알았다. 이제 그는 애덤 스미스(Adam Smith)의 『국부론』과 몽테스키외(Montesquieu)의 『법의 정신(L'Esprit des lois)』처럼 현대 자유시장 공화정을 뒷받침하는 중요한 철학서를 읽는 데 몰두했다.

중국에서 혁명이 끝났다는 마오의 믿음과는 달리, 1912년 중화민국은 단명으로 끝나고 다시 혼란에 휩싸였다. 이 광대한 나라에 여러 파벌이 난립하며 군벌들이 중앙 권력을 장악하려 시도했다.

1918년 무렵 20대의 마오는 조국의 혼란과 1차 세계대전으로 인한 세계의 대격변을 지켜봤다. 러시아는 소작농에게 땅을 준다는 약속과 함께 1917년 공산주의 국가가 되었고, 1919년 체결된 베르사유 조약은 유럽뿐 아니라 먼 중국에서도 영향을 미쳤다. 중국이 승전국과 동맹을 맺었음에도, 종전 후 체결된 베르사유 조약으로 독일이 조차하고 있던 중국 영토(산둥성 - 옮긴이)를 일본에 넘겨줘야 했던 것이다. 이 소식에 중국 전역이 일본과 서구 국가들에 대한 분노와 폭력으로 들끓었다.

온 나라가 분노의 소용돌이에 휩싸이자 마오도 베이징으로 넘어갔다. 식민주의 열강의 침략과 내부 권력 다툼으로 중국이 혼란에 빠져 있을 때 그는 대학교에서 보조 사서로 일하게 되었다. 그리고 거기서 카를 마르크스의 사상을 접했다.

마르크스는 사회는 자본가와 노동자, 소작농으로 나뉜다고 보았다. 그리고 이러한 계급 격차가 불공정과 불평등의 근본 원인이라고 주장하며 노동자와 소작농이 봉기에 참여해 사유재산을 쟁취하고 노동자들이 땅과 사업, 생산수단을 공유하는 새로운 사회를 이룩할 것을 촉구했다. 그러면 모든 결정이 민주적 과정을 거쳐 이루어지고 부는 재분배되는 사회가 실현된다는 것이다.

중국은 이러한 마르크스 사상이 꽃피우기에 좋은 땅이었다. 1921년 마오와 친구들은 한 서점 건물에 모여 자본주의체제의 폭력 타도에 헌신하는 공산주의 단체가 될 것인지를 두고 투표를 붙였다. 그리고 그해 말 중국 공산당 결성을 위한 다른 조직에 합류했다. 중국 공산당은 혁명을 시작하기에 앞서, 국민당의 목표인 민주 공화정이 공산당의 비전과는 일치하지 않았지만 군벌정치 종식을 위해 쑨원이 만든 국민당과 기꺼이 손을 잡았다. 중국을 또 다른 소련으로 만들고자 했던 스탈린도 이 국공합작에 격려와 지지를 보냈다.

중국 국민당 지도자 장제스.

국공합작 동안 마오는 농민과 노동자들로 구성된 단체를 조직하기 시작했다. 그는 수백만 농민이 강력한 정치 세력이자 군사력이 될 수 있다는 사실을 이해하고 있었던 것이다.

국공합작은 6년 동안 지속되

악의 패턴

었다.

1925년 쑨원이 사망한 후 장제스(蔣介石)가 국민당 실권을 잡았다. 처음에 그는 우파의 색채가 짙지 않았지만 결국 공산주의자들과 결별했다. 그는 공산주의자들이 중국을 장악할 것을 두려워한 서구 열강으로부터 재정 지원을 받고 있었다. 그들은 러시아 볼셰비키 혁명의 결과를 지켜보았기에 볼셰비즘이 중국에 가져올 유혈 사태와 사유재산제의 종식을 두려워했던 것이다. 장제스는 대군을 거느리고 공산주의자들을 소탕하겠다고 맹세했다.

1927년 국민당과 공산당 사이에 내전이 발발하자, 장제스는 무자비한 독재자임을 증명하며 집권한 지 몇 주 만에 공산당원 2만여 명을 죽였다. 십수년의 내전 동안 그는 공산당 조직을 지지하는 낌새만 보이면 가리지 않고 굶기거나 죽인 전력으로 비난받고 있었다. 국민당의 희생자 중에는 마오가 가장 존경하는 스승의 딸이자 그의 두 번째 아내인 양카이후이(楊開慧)가 있었다. 그들은 1920년에 결혼하여 폭동으로 헤어지기 전까지 아들 셋을 낳았다. 1930년 그녀는 국민당에 체포되었으나 마오와 이혼하고 공산당을 탈퇴하라는 국민당의 요구를 거부한 끝에 결국 처형되었다. 당시 마오는 자신을 살아 있는 전설로 변화시킬 대장정에 올라, 이를 동반하던 헌신적인 당원 허쯔전(賀子珍)과 세 번째 결혼을 했다.

1931년 무렵 국민당군은 중국 남부 시골까지 공산당을 추격해 밀어붙였다. 공산당은 장시성에서 기반을 마련했고, 마오는 농민을 규합해 홍군 조직을 계속했다. 그러나 공산당은 조직적이지 못하고 계속 내분에 시달렸다. 1934년 10월 장제스는 공산당을 거의 궤멸할 뻔했다. 그는 100만 명의 국민당군을 소집하여 홍군을 포위해 섬멸할 계획을 세웠다.

공산당 지도부는 8만 6,000명의 군사들에게 장시의 근거지를 버리고 챙길 수 있는 것은 모두 챙겨 행군에 나서라고 명령했다. 당 지도부로 선출된 마오가 중국 공산당 내에서 권력을 확고히 하게 된 것은 바로 이 대장정, 퇴각의 시기였다.

무솔리니의 로마 진군이 계산된 연극적 행위였다면, 중국 공산당의 대장정은 그야말로 순수한 생존 행위였다. 공산당은 작은 단위로 흩어져 강을 건너고 몰래 이동하며 국민당을 교란해, 국민당은 3주 동안이나 홍군이 장시를 탈출했다는 사실을 알아차리지 못했다. 무기와 보급품을 마차와 각자 등에 짊어지고 밤을 이용해 행군하던 공산당은 절체절명의 도박을 벌였다. 여름옷과 짚신 차림으로 눈 쌓인 산을 넘는 행군은 위험하고 매우 힘들었다. 적이 가까이 있지 않을 때면 긴 횃불 행렬이 계곡을 지나 멀리 산 너머까지 구불구불 이어지는 광경을 볼 수 있었다.

이것이 마오쩌둥의 공산주의 중국에서 건국 전설의 일부가 된 대장정의 시작이었다. 중국 공산당 역사에서 대장정은 조지 워싱턴이 밸리 포지(Valley Forge)에서 보낸 겨울과 비슷한 의미를 지닌다. 즉, 험난한 역경과 자연의 위력을 직면했을 때 보인 용기와 불굴의 인내심이라는 가치를 상징한다. 1년 넘게 이어진 대장정으로 1만여 킬로미터를 이동하면서 수천 명이 굶주림과 공중 폭격, 국민당군과의 빈

번한 접전을 겪어냈다. 홍군은 마침내 1935년 10월 20일 산시성 북부에 도착했다.

처음 출발한 8만 6,000명 중 8,000명만이 이 여정을 마쳤다. 수치상으로는 엄청난 패배로 보일 수 있으나 홍군은 국민당군과 군벌과 싸우고 중국에서 가장 험준한 지형의 산과 강을 헤치면서 24개 강과 18개의 산을 넘은 것이었다. 그로써 대장정은 위대한 승리가 될 수 있었다.

마오쩌둥은 그해 12월 연설에서 이렇게 말했다. "대장정은 선언문이다. 홍군은 영웅의 군대인 반면 제국주의자들과 그들의 충견 장제스 일파는 무력하다는 것을 만천하에 공표한 것이다. (…) 대장정은 선전이기도 하다. 11개 성의 2억 인민에게 홍군의 길이 해방으로 가는 유일한 길임을 공표한 것이다."

마오의 전설적인 위업이 중국 전역에 퍼지자 수천 명의 중국 청년들이 그의 홍군에 입대하러 몰려들기 시작했다. 42세의 마오쩌둥은 중국 공산주의자들 사이에서 대체 불가한 절대적인 지도자로 부상했다.

마오가 공산당을 재편성하는 사이 중국은 새로운 위협에 직면했다. 바로 일본이었다. 공동의 적에 대항하기 위해 연합 전선의 필요성이 대두되면서 내전도 잠시 중단되었다. 2차 세계대전이 발발하기 2년 전인 1937년, 제국주의 일본은 중국 내에서 점령지 확장에 나섰다. 일본은 오랫동안 만주 지방 통제권을 행사해왔으나 1937년 새로운 공포를 촉발시켰다. 일본이 전시 점령한 난징, 상하이, 중국 내

여러 주요 도시에서 살인, 강간, 수감이 비일비재하게 일어났다. 일본군에 대한 공포에 질린 수십만 중국인이 공산당 홍군에 입대했다.

이후 8년간 장제스가 전력을 보존하기 위해 일본과의 직접적인 전투를 피하고 군대를 후퇴시켰지만, 공산당은 일본군과 게릴라전을 벌였다. 1945년 8월 히로시마와 나가사키에 원자폭탄이 투하된 후 일본이 미국에 항복하면서 2차 세계대전도 막을 내렸다. 이제 다시 국공내전이 시작되었다. 미국과 다른 서방 국가로부터 여전히 무력과 지원을 받아온 국민당은 공산당보다 병력과 장비 면에서 우세했다.

1943년 3월, 공식적으로 중국 공산당 주석이 된 마오는 신비로운 이미지로 막강한 지지자를 확보했다. 이때부터 이미 그를 둘러싼 개인숭배 현상이 나타나기 시작했다. 1937년 6월, 태양처럼 떠올라 빛나는 마오의 얼굴을 담은 목판 인쇄물이 처음 출판되었다. 과거 중국의 '황제 숭배'를 떠올리게 하는 이미지였다. 중국인 대다수가 문맹이고 시골에 살고 있었기 때문에 이러한 선전이 인쇄물보다 백배 효과적이었다. 마오의 얼굴이 그려진 포스터가 공산당 점령지 곳곳의 건물에 붙었고, 초등학생들은 "우리는 모두 마오 주석의 착한 자녀"라고 노래하는 동요를 배웠다. 당에 대한 충성은 엄격한 규율이 되었다. 이를 따르지 않으면 당원들에게 반당(反黨) 분자라며 공개적으로 비난받고 재판을 받아야 했다. 〈동쪽은 붉다(東方紅)〉라는 노래가 국가로 작곡되었다.

동쪽이 붉어지며 태양이 떠오른다

중국에 마오쩌둥이 태어나셨네

그는 인민의 행복을 구하신

인민의 위대한 구원자라네

'마오쩌둥 사상'(마오이즘Maoism이라고도 한다 – 옮긴이)이라는 용어가 만들어져 공산당 선전을 통해 굳건히 뿌리내렸다. 수년 뒤 또 다른 당 지도자는 "마오쩌둥 사상에 부합하는 것은 무엇이든 옳으며, 마오쩌둥 사상에 일치하지 않는 것은 무엇이든 잘못된 것"이라고 말했다.

마오의 공산당이 실시한 선전은 널리 퍼지면서 큰 효과를 낳았다. 그러나 마오의 가장 강력한 무기는 그의 지휘하에 있는 농민군이었다. 산시성 산의 근거지에서 마오는 90만 명 이상의 군사를 지휘했다. 마오와 그의 장군들은 게릴라 전술을 활용해 지도부 내 만연한 부패로 약해진 국민당군을 무력화시켰다. 1948년 마오쩌둥과 그의 장군들은 인민해방군으로 개칭한 군대 150만 명을 동원했다. 마오와 홍군 지도부는 200만의 농민군 예비 병력까지 동원해 마침내 장제스를 중국 본토에서 중국 동쪽 연안의 섬 타이완으로 쫓아냈다. 장제스는 그곳에서 중화민국을 재건했다.

전쟁, 내전, 정치 음모를 통해 마오는 마침내 승리를 거두었다. 1949년 10월 1일 베이징의 중심으로 유명한 톈안먼(天安門) 광장에 10만여 명의 군중이 모였고, 그 앞에 모습을 드러낸 마오는 2층 높이의 자기 초상화 앞에 서서 중화인민공화국의 수립을 선포했다. 일당 국가를 이끌며 마오와 중국 공산당은 언론 통제, 정적이나 반대파 숙청, 반대 의견 탄압, 정당 통치에 완벽한 순응을 강요하는 비밀경찰, 광범위한 선전 그리고 무엇보다 중요한 군대의 통제 등 모든 독재 기법을 동원해 중국 사회를 개조했다.

1950년 10월, 마오는 한국전쟁에서 북한을 지원하기 위해 인민해방군을 파병하기로 결정했다. 미국은 유엔안전보장이사회의 결의에

마오와 네 번째 아내 장칭.
그녀는 이후 '마오 주석 부인'으로 불린다.

따라 공산주의 북한으로부터 남한을 지키기 위한 싸움을 이끌고 있었다. 미국 대 소련과 그 동맹국 중국 사이의 냉전기였던 터라 전쟁이 더 크게 확산될 수도 있는 상황이었다. 전쟁이 교착상태에 빠지면서 마오가 이끄는 중국과의 전쟁, 핵무기 사용까지 고려되었지만, 결국 1953년 한반도는 분단 상태로 휴전하게 되었다.

중공군이 한국에서 싸우는 사이 마오는 지주의 땅을 빼앗아 가난한 농민에게 나눠 주는 '토지개혁'을 전개했다. 이 기간에 사망한 지주와 농촌 지역 유지들의 수는 20만 명에서 200만 명에 이르는 것으로 추산된다. 같은 시기, 수십만의 기업인과 전 국민당원, 교수, 작가, 예술가들이 '반혁명분자'로 비난받고 집단 모임에서 맞아 죽거나 처형당했다.

마오는 당과 나라를 완전히 장악했다. 그가 완벽한 통제권을 손에 넣었다는 것은 중국을 경제 강국으로 변화시키려는 대약진운동(大躍進運動)을 선포하면서 분명해졌다. 스탈린이 소련과 우크라이나에서 겪었듯, 중국의 산업 생산을 높이기 위한 정책들이 역효과를 내면서 역사상 최악의 기근으로 이어졌다. 1959년부터 1962년 사이에 2,000만 명에서 4,000만 명이 죽은 것으로 추산된다. 인육을 먹은 이도 있고, 견디다 못해 자살을 택한 이들도 있었다.

"1958년 위대한 조타수 마오는 중국이 15년 내 서방을 따라잡을 것이라고 약속했다. 뒷마당 용광로(土法高爐, 대약진운동 시기 중공업 생산력을 높이기 위해 집집마다 뒷마당에 원시적 형태의 용광로를 설치하고 강철을 생산하게 한 정책-옮긴이)로 산업을 다변화하고, 산업을 분산

1963년의 마오쩌둥.

하고 농업을 집산화하겠다는 마오의 유토피아적 대중 운동은 수천만 명의 죽음으로 끝나고 말았다. (…) 말 그대로 시체가 들판에 여기저기 버려져 있었지만, 잘못된 정책으로 인민들이 극심한 고통에 시달리고 있다고 당 지도자에게 말하려는 사람은 아무도 없었다." 작가 고든 창(Gordon Chang)은 이렇게 썼다.

마오와 당 지도부는 외국인, 반동분자, 반혁명분자, 반체제 인사 등 다른 곳에 비난을 쏟아부었다. 자신의 처참한 계획을 조용히 변경하는 동안, 마오는 자신을 겨냥한 음모를 피하기 위해 제2선으로 물러났다. 마오쩌둥은 자신을 제거하려는 다른 당원이 자신의 대화를 비밀리에 녹음하고 있다는 걸 알고 그런 위협에 잔혹하게 대응했다. 1966년 그는 확고부동한 지배권을 다시 세우기 위해 문화대혁명을 요구했다. '문화대혁명'은 정부 내에 자본주의의 길을 따르려는 권력자 무리가 있다는 마오의 주장에 대한 표지였다. 그는 '계급 투쟁'을 촉구하며 수백만 젊은이로 구성된 홍위병을 선동했다. 이 광신적인 젊은이들은 마오

악의 패턴

쩌둥 숭배 교육을 받으며 자란 세대였다. 태어날 때부터 마오 숭배를 주입받았거나 세뇌된 이들은 위대한 조타수에게 헌신하며 그의 말대로 움직였다.

1966년 8월, 100만 명의 홍위병이 베이징 중앙 톈안먼 광장으로 모여들었다. 중·고등학생들과 대학생들은 혁명가를 부르며 붉은 비단 깃발과 마오의 초상화를 들고 창안로(長安路)를 행진하기 시작해 톈안먼 광장에 자리 잡았다. 전기 작가 필립 쇼트(Philip Short)는 이렇게 썼다. "마오는 일출 시각에 맞춰 모습을 드러냈다. 절정에 오른 종교적 열광이 온 거리를 뜨겁게 휩쓸었다. 독립적으로 사고하는 극소수만이 이 성스러운 연극의 이면을 꿰뚫어 보았다. 몇 주 후 한 학생은 이렇게 썼다. '문화대혁명은 대중 운동이 아닌, 한 사람이 총을 들고 대중을 조종하는 것이다.'"

그리고 그 한 사람은 중국 인민의 분노를 폭발시킬 수 있었다. 모든 독재자처럼 마오도 대중 선동술을 펼쳤다. 이는 십수년이 넘는 기간 동안 이어지며 학생들에게 낡은 사상, 낡은 문화, 낡은 관습을 뿌리 뽑도록 이끌었다. 학생들은 혁명에 위협이 되는 것, 즉 '지주, 부농, 반혁명분자, 악질분자, 우파분자'(흑오류黑五類 - 옮긴이)를 제거하도록 선동되었다. 당은 누가 그런 위협적인 존재인지 정확히 규정하고, 그들을 가혹하게 다루었다.

마오의 네 번째이자 마지막 부인인 장칭(江青)은 그가 허쯔전과 이혼한 뒤인 1938년 결혼했다. 훗날 '마오 부인'으로 알려진 장칭은 4인방의 일원으로 문화대혁명 뒤에서 많은 선전·선동을 담당했다

(마오쩌둥 사망 후 그녀와 나머지 4인방 일원들은 축출되어 문화대혁명 동안 저지른 죄과에 대해 재판에 회부되었다. 장칭은 사형선고를 받았으나 후에 종신형으로 감형되었고, 1991년 5월 자살로 생을 마감했다).

거친 회오리바람이 불었다. 당 지도부의 명령에 따라 홍위병은 투쟁의 대상이라고 판단되면 고문하고 약탈하고 살해했다. 특히 교사와 '냄새나는 지식 분자'들을 주요 표적으로 삼아 총살하거나 산 채로 땅에 묻거나 폭발물 위에 앉힌 뒤 폭탄에 불을 붙였다는 섬뜩한 진술이 있다.

중국 전역에 광기의 바람이 불었다. 중국을 휩쓸고 지나간 폭력 투쟁에서 수백만 명이 박해받고 공개적인 굴욕, 투옥, 고문, 노역, 재산 몰수, 처형을 당했다. 도시에서 온 젊은이를 포함한 인구의 상당수가 당의 지시에 따라 농촌으로 가 노동을 해야 했다. 개인의 의지가 무엇이든 당의 노선에 순응해야 했다.

리모잉은 회고록에서 자신이 열두 살 때 겪은 사건을 묘사한다. 홍위병이 학교에 몰려와 교장 선생님을 끌어내 학생들 앞 단상에 세웠다. 그러고는 발로 걷어차 강제로 무릎을 꿇게 했다. 그들은 교장 선생님의 딸을 단상 위로 끌고 오더니 자신의 아버지를 고발하는 발언을 하게 했다. 일곱 살 아이는 눈물을 흘릴 뿐 아무 말도 하지 못했다. 홍위병 지도자가 말했다. "마오 주석의 아이는 절대 눈물 흘리지 않는다. 너는 마오 주석을 사랑한다고 말했잖아? 그렇지 않나?" 소녀는 고개를 끄덕이고는 막대기로 아버지를 때려야 했다.

그 모든 과정에서 마오는 폭력과 권력이라는 수단을 행사했다. "그는 냉정하고 계산적이었을 뿐 아니라 자기 멋대로인 데다 즉흥적이고 변덕스러웠으며 의도적으로 혼란을 초래하곤 했다. 그는 즉흥적으로 일을 처리했고 그 과정에서 수백만을 굴복시키고 끝장냈다. 그는 모든 것을 통제하에 두지는 못했을지 모르나, 항상 자신이 주도하면서 계속해서 규칙을 다시 쓸 수 있는 게임을 즐겼다." 이 시기의 역사를 다룬 저서에서 프랑크 디쾨터(Frank Dikötter)는 이렇게 썼다.

문화대혁명 당시 어린이였던 중국 작가 첸다(Chen Da)는 홍위병이 소총을 들고 혁명 구호를 외치며 그의 집 앞을 행진하던 모습을 기억한다. 그의 아버지는 불충하다는 이유로 교직에서 해고되었고, 할아버지가 지주였던 탓에 가족은 전 재산을 빼앗겼다. 첸다는 몇 달 동안 나무껍질과 풀뿌리만 먹고 살아야 했다고 회상했다. "어떤 해는 넉 달 내내 하루 세끼를 곰팡이 핀 마만 먹었다. 아버지는 대개 노동 교화소에 가서 집에 안 계시거나, 할아버지가 인민공사 감옥에 구금되었다가 시장터에서 열리는 공개 인민재판에 끌려가 흠씬 매를 맞고 오셨다." 공산주의 중국에서는 종교가 불법이었기 때문에 그는 집에 숨겨둔 불상 앞에서 몰래 기도했다. "나는 우리 아버지가 홍위병에게 매를 맞지 않기를, 할아버지가 무사하기를, 어머니가 많이 울지 않기를 빌었다. 그리고 나의 마지막 소원은 늘 먹을 것, '먹을 것을 조금만 더 주세요'였다."

불교, 기독교, 이슬람교, 그 어떤 신앙이든 종교는 마오 숭배로 대체되었다. 그의 트레이드마크인 마오 재킷은 중국의 인민복이 되었다. 복장 통일 외에 사상 통일도 요구되었다. 모든 사람이 똑같은 옷

1966년 10월 문화대혁명 당시 홍위병 완장을 찬 초등학생들이
술이 달린 창을 들고 구호를 외치며 하얼빈 거리를 행진하고 있다.

을 입고, 비슷한 모습에 비슷한 생각을 해야 했다. 문화대혁명 기간
에 개성을 표출하면 큰 대가를 치러야 했다.

복장과 마찬가지로 독서 역시 엄격히 통제되었다. 책은 사람을 바
꾸고 문화를 형성한다. 물론 마오도 이 사실을 잘 알고 있었다. 그래
서 수십 년 동안 모든 중국 인민은 『소홍서(小紅書)』라는 별칭이 붙
은 마오 주석의 어록을 한 권씩 갖고 있어야 했다. 그리고 이를 휴대
하며 그 내용을 외우고 공개회의에서 그 가르침을 반복해야 했다.
빨간 비닐 표지의 이 책은 오늘날까지 10억 부 넘게 출판되어 역사

상 가장 많이 인쇄된 책 중 하나가 되었다. 마오쩌둥의 사진은 『소홍서』의 인용구와 함께 국영 《인민일보》 1면에 자주 등장했다.

원래 1964년 인민해방군이 제작한 이 책은 곧 지도자 개인숭배와 더불어 사상을 통제할 경전으로 역할을 하게 되었다. 조지 오웰이 소설 『1984』에서 상상한 모든 일이 실제로 중국에서 일어났다. 오웰의 소설과 비슷한 문화부는 모든 중국 인민에게 마오의 어록을 배포하는 것이 목표다. 마오는 공자 같은 고대 철학자의 말씀을 담은 책과 자신의 어록이 비슷한 지위를 갖게 되어 좋아했다고 한다. 이 책에 나오는 많은 교리 중에서 다음이 '지혜'에 대한 내용이다.

★ 우리는 대중을 믿어야 하고 당을 믿어야 한다. 이것은 두 가지 핵심 원칙이다. 이 원칙을 의심한다면 아무것도 이루지 못할 것이다.

★ 혁명은 저녁 만찬 모임을 갖는 것도 아니고, 글을 쓰는 것도, 그림을 그리고 자수를 놓는 행위도 아니다. 혁명은 그렇게 세련되고 느긋하고 가볍지도, 그토록 온화하고 친절하며 예의 바르고 절제하며 도량이 넓은 행위가 아니다. 혁명은 폭동이다. 한 계급이 다른 계급을 전복하는 폭력 행위인 것이다.

★ 우리는 적이 반대하는 것은 무엇이든 지지해야 하고, 적이 지지하는 것은 무엇이든 반대해야 한다.

★ 모든 공산주의자는 진실을 이해해야 한다. '모든 권력은 총구에서 나온다'는 것을.

문화대혁명은 중국과 세계 역사의 흐름을 바꾼 '핑퐁 외교'의 해인 1971년에도 활발하게 계속되고 있었다. 하지만 대격변은 마오가 죽던 1976년까지 미루어졌다. 뇌졸중으로 투병하던 중 파킨슨병과 암 진단까지 받은 마오는 죽음을 앞두고 있었다. 그리고 1976년 9월 9일 심장마비로 82세 나이에 사망했다. 그러나 문화대혁명의 영향은 마오가 죽은 뒤에도 중국 정치에서 계속되었다.

　마오가 죽고 몇 년 후, 마오의 전설적인 광채는 사라지기 시작했다. 중국 방식에 익숙하지 않은 서양인들에게는 더욱 그랬다. 농촌 소년이자 인민의 아버지로 추앙받던 위대한 조타수가 중국 농촌의 생활 방식을 상당 부분 포기하지 못했다는 것이 밝혀졌다. 그는 서양식 수세식 화장실에 적응하지 못했다고 한다. 그래서 그가 수억 중국인의 국가수반이던 때에도 경호원 중 하나가 야외에 땅을 파서 화장실을 만들어야 했다. 20년이 넘게 그의 개인 주치의였던 의사도 마오가 성병에 걸려 같이 잠자리를 한 젊은 여성들에게 병을 옮기곤 했으나 치료를 거부했다고 털어놓았다.

　현재 이 위대한 조타수의 유해는 '마오쩌둥 기념당'에 명예롭게 안치되어 있다. 톈안먼 광장 중심에 자리한 이 화강암 묘소는 인구 13억이 넘는 중국의 상징적 중심이 되었다. 아직도 많은 중국인이 존경하는 그 사내의 방부 처리된 유해를 보기 위해 매년 수십만 명이 때로는 몇 시간이나 줄을 서야 하는 수고를 아끼지 않고 그곳을

　　　　　　　악의 패턴

찾는다. 그는 대약진운동과 뒤이은 문화대혁명으로 수많은 이를 죽음으로 몰고 간 장본인이기도 하다. 이 많은 희생과 잔혹 행위가 다른 이들이 그의 이름으로 저지른 것이라 치더라도, 스탈린이 소련에 그랬듯 마오 역시 이후 중국에 복잡한 영향을 남겼다. 둘 다 국가를 통합해 20세기로 진입시켰고, 가난한 농업 국가를 원자폭탄과 우주 개발 프로그램을 갖춘 현대 산업 강국으로 변모시켰다.

마오쩌둥의 생이 끝나갈 무렵 리처드 닉슨과 마오쩌둥의 특별한 만남이 성사되며 중국은 통제를 완화하는 노선을 시작한다. 사유재산이 복원되고 국제적인 사업과 투자를 유치하면서, 오늘날의 중국은 후난성의 한 농부 아들이 꿈꾸었던 나라와는 전혀 다른 나라, 즉 첨단 기술로 부를 일군 억만장자, 야심 찬 청년 기업가와 전 세계로 공부하러 나가는 세대들이 공존하는 땅이 되었다.

닉슨과의 교류 이후 수년 사이에 중국은 미국에 이어 세계 2위 경제대국으로 부상했다. 이러한 변혁은 중국 경제체제의 근본적 변화에서 동력을 얻었다. 2013년 중국 지도부는 새로운 '중국몽(中國夢)'이라는 비전을 제시했다. 이는 국가 부흥, 민생 개선과 번영, 더 나은 사회 건설, 강력한 군대로 설명되며, 사회주의 일당독재체제에서 가장 잘 이루어질 수 있다는 것이다.

현대 중국 지도자들은 위대한 조타수이자 조국의 아버지인 마오 주석의 강력하고 상징적인 이미지를 유지하고 있다. 그들은 마오쩌둥이 국가 자긍심의 상징이라고 믿는다. 마오의 죽음 이후 민족주의는 "이념이 호소력을 잃은 시대에 나라를 하나로 뭉치게 하는 구심

점이 되었다"고 전기 작가 필립 쇼트는 썼다. "번영, 민족주의, 마오 쩌둥이라는 혁명의 전설, 이 세 기둥이 중국 정치권력의 기반이 되고 있다."

전설은 이토록 막강하다.

1893년 12월 26일 ··· 마오쩌둥, 중국 후난성 샤오산에서 출생.

1911년 ··· 무창봉기(武昌蜂起)로 신해혁명이 발발하다.

1912년 2월 12일 ··· 267년간 중국 대륙을 통치해온 청 왕조의 마지막 황제 선통제가 강제 퇴위하며 2000년 이상 이어진 전제군주제가 막을 내리다.

1934년 10월 16일 ··· 대장정 시작. 홍군은 1만여 킬로미터를 이동한다.

1939~1945년 ··· 2차 세계대전. 중국 국민당과 공산당이 국공합작으로 일본에 대항한다.

1943년 3월 ··· 공산당 주석에 취임. 사실상 최고 지도자가 되다.

1949년 10월 1일 ··· 중화인민공화국 건국.

1950년 2월 14일 ··· 마오와 스탈린, 중소우호동맹상호원조조약 체결.

1950~1952년 ··· 토지 개혁으로 지주와 그 가족들을 대량 학살하다.

1950~1953년 ··· 한국전쟁 발발.

1958~1960년 ··· 대약진운동. 농업집단화로 대기근을 비롯한 처참한 재앙을 초래하다.

1964년 10월 12일 ··· 문화대혁명이 시작되어 10년간 지속되다. 이 기간 동안 수백만 명이 박해, 고문에 시달리거나 처형되었다.

1972년 2월 21~28일 ··· 미국 닉슨대통령 중국 방문.

1976년 9월 9일 ··· 마오쩌둥 사망.

티그리스강의
스탈린

'승리의 손'을
지나 바그다드로
진입하는 미군.

사담 후세인
이야기

위대한 결투, 모든 전투의 어머니가 시작되었다. (…)
이 위대한 최후의 결전이 시작되면서 승리의 여명이 가까워지고 있다.

− 사담 후세인

· · ·

후세인에게는 독재자가 모든 것이라고 믿는
가난한 농부와도 같은 고집스런 정신세계가 있었다.

−《뉴욕 타임스》사담 후세인 부고 중에서

· · ·

1988년 3월 아침, 전투기 몇 대가 이란 접경지대인 이라크 북부의 마을 할랍자 위를 날았다. 그리 드문 일은 아니었다. 양국 간 전쟁이 벌어지고 있었기 때문이다.

그런데 이번에는 목격자들에게 전투기의 마크가 보일 만큼 근접 비행을 하고 있었다. 이라크 공군 전투기였다. 얼마 후 이라크 전투기가 투하한 폭탄이 이라크 마을에 떨어졌다.

"그건 다른 폭탄하고는 달랐습니다. 폭음과 함께 거대한 화염이 일었고 엄청난 살상 능력이 있어요. 화상 입은 부위에 손을 갖다 대면 그 손도 화상을 입을 정도였지요. 물건에도 불이 붙을 정도였어요." 한 목격자는 이렇게 말했다.

그 불타는 감각은 시작에 불과했다. 임시 대피소에서 나온 사람들은 친구들과 가족이 기괴한 자세로 굳은 채 죽어 있는 광경을 보았다. 어떤 이는 즉사했고, 어떤 이는 서서히 죽어갔다. 공격에 대한 보도가 나오자 이라크는 이란을 비난했다. 하지만 곧 진실이 밝혀졌다. 독재자 사담 후세인이 이끄는 이라크 정권이 이라크에 살고 있는 쿠르드족을 불법 화학무기로 공격한 것이다.

8년 동안 이어진 이란-이라크 전쟁의 마지막 달, 이란과 손잡은 쿠르드족 전사들이 이란 접경지대의 이라크 내 쿠르드족 거주지 할랍자로 옮겨왔다. 이 큰 농촌 마을에는 4만 명이 넘는 사람들이 살고 있었는데, 대부분 쿠르드족이었다. 자신들의 국가가 없는 쿠르드족은 이라크, 이란, 시리아, 터키 등지에 퍼져 살고 있다. 이번 화학무기로 인한 희생자는 대부분 쿠르드족 전사가 아닌 민간인으로, 두 석유 대국 간의 긴 전쟁에서 십자포화를 맞았다.

"할랍자는 순식간에 쿠르드판 히로시마가 되었다. 사흘간의 공격에서 희생자들은 화상과 DNA 변이, 기형과 암을 유발하는 겨자가스와, 사망과 마비, 즉각적이며 지속적인 신경정신적 손상을 일으킬 수 있는 신경가스 사린과 타분에 노출되었다. 의사들은 치명적인 VX가스(화학무기 중 가장 유독한 신경작용제-옮긴이)와 아플라톡신도 사용되었을 것으로 추측한다. 이로 인해 5,000명의 쿠르드족이 그 자리에서 사망했다." 퓰리처상 수상 작가 서맨사 파워(Samantha Power)는 이렇게 썼다.

할랍자의 쿠르드족에게 자행한 치명적인 화학무기 공격은 1980년 사담 후세인이 이웃 나라 이란을 공격하면서 시작한 참혹한 전쟁의 일부였다. 그 전해 시아(Shiah)파 지도자의 정부 전복 쿠데타로 생긴 혼란을 이용하겠다는 판단이었다. 하지만 후세인의 계산은 틀렸다. 이슬람 종교 지도자 아야톨라 호메이니(Ayatollah Khomeini)가 이끄는 이란 군부와 이란 국민들은 자국 수비를 위해 달려들었다. 그리고 뒤이어 벌어진 보복 전쟁에서 양측 50만여 명이 목숨을 잃었다.

후세인이 자국민에게 독가스 공격을 감행한 것은 주변 많은 이에게 그리 놀라운 일이 아니었다. 그가 권좌에 오르는 과정을 목격했으며, 그가 이오시프 스탈린과 그 살인 정권을 본보기로 삼았다는 사실을 알고 있었기 때문이다.

가난한 농부의 아들인 사담 후세인은 1937년 이라크에서 가장 가난한 지역인 북부 티크리트 근처 마을의 진흙 오두막에서 태어났다. 그의 어린 시절 이야기는 다양하게 전해지고 있어서, 그의 아버지가 어머니를 버렸는지 아니면 그가 태어나기 전에 암으로 죽었는지는 분명하지 않다. 한 가지 확실한 것은 그가 극심한 가난 속에서 자라 교육을 제대로 받지 못했다는 점이다. 어머니 수브하(Sabha)가 어릴 때 그를 버리자, 그는 티크리트 근처에 사는 육군 장교인 삼촌 하일랄라 탈파(Khairallah Talfah)와 함께 살게 되었다.

당시 이라크는 군주가 다스리는 신생 독립국가였지만, 여전히 영국이 광범위한 영향력을 행사하고 있었다. 1차 세계대전 이후 옛 오스만 제국의 분할을 통해 대영제국의 일부가 된 이라크는 전 세계에 문제를 일으킨 베르사유 조약의 또 다른 피해자였다. 그것은 전

'승리의 손'을 지나 바그다드로 진입하는 미군.

쟁 후 유럽인에 의해 영토가 분할된 쿠르드족 역시 마찬가지였다.

사담 후세인의 삼촌은 영국에 맞서 민족주의 활동을 펼쳐 투옥된 전력이 있었다. 삼촌과 지내며 영향을 받아 사담은 영국인과 유대인, '페르시아인'(이라크 시아파와 이란. 사담 후세인과 그 가족은 시아파의 반대파인 수니파였다)을 싫어하게 되었다. 하일랄라 탈파는 1187년 예루살렘에서 기독교 십자군을 쫓아낸 티크리트 출신 쿠르드족 무슬림 살라딘 같은 아랍 영웅의 이야기로 조카의 마음을 사로잡았다. 무솔리니가 고대 로마의 영광을 재현하겠다는 목표를 세웠듯, 사담

악의 패턴

후세인도 '문명의 요람'으로 찬란한 명성을 얻었던 바빌론과 같이 고대 이슬람 제국의 영광을 재현하는 이라크의 미래를 꿈꿨다.

하일랄라 탈파는 아랍 민족주의와 사회주의가 결합하고 서구 식민주의에 적대적인 정치 집단인 바트당(단일 아랍 사회주의 국가 건설을 추구하는 아랍 정당. '바트Baath'는 아랍어로 '부흥' 또는 '재건'이라는 뜻이다)의 세계관에 따라 젊은 후세인을 교육했다. 바트당에 가입한 후세인은 1964년 티크리트에서 정적을 암살했다. 1958년 쿠데타로 친서방파인 이라크 국왕과 총리가 암살되었다. 그리고 1년 후 바트당은 스물두 살 후세인을 이라크 총리가 된 쿠데타 지도자를 축출하기 위한 암살단의 일원으로 선발한다. 하지만 암살 시도는 실패로 돌아갔고, 후세인은 목숨이 위태로워지자 부상을 입은 채 시리아와 이집트로 도망쳤다.

군사 쿠데타로 바트당이 집권하자 후세인은 이라크로 돌아올 수 있었다. 그리고 1963년 삼촌의 딸(그의 사촌)과 결혼했다. 하지만 바트당 정권은 9개월 만에 전복되었고, 1968년 7월에야 정권을 되찾았다. 그 무렵 사담은 당의 사무 부국장으로 승진해 바트당이 재집권하게 된 쿠데타에서 중요한 역할을 맡았다. 그는 첩보 치안을 맡아 1969년 1월 이스라엘 첩자 혐의로 기소된 17명을 처형했다. 이렇게 공개 처형이 이루어진 뒤《뉴욕 타임스》기자 닐 맥파쿼(Neil MacFarquhar)는 "바트당이라는 민간단체가 이라크 군부를 몰아낸 데 이어 수백 명이 체포, 처형되고 있다"고 썼다.

1969년 11월까지 후세인은 많은 경쟁자와 반체제 인사들을 제거했다. 권력을 손에 넣은 그는 전임 독재자들처럼 비밀 경찰대를 조직하고 반대파를 잔인하게 억압하기 시작했다.

후세인 치하의 이라크 역사를 기술한 『공포의 공화국(Republic of Fear)』에서 카난 마키야(Kanan Makiya)는 이렇게 썼다(이 책은 처음에는 필명으로 발행되었다). "(바트당은) 공포정치를 예술적인 형태로 발전시켰다. 자신들의 통치를 합법화할 목적으로 많은 사람을 체제의 폭력에 가담하게 한 것이다. (…) 이러한 처벌 제도의 정점에는 고문이 있었다."

1981년 국제 인권단체 국제앰네스티는 다음과 같이 보도했다. "고무 경찰봉으로 맨발바닥 구타하기, 여러 단계의 전기 충격 고문, 화상 입히기, 모의 처형, 성 고문, 주먹이나 채찍, 부츠, 몽둥이 등으로 폭행하기 등 다양한 고문이 있었다."

1979년 병중의 바트당 지도자가 권좌에서 물러나면서 후세인은 마침내 당과 국가를 완전히 장악하게 되었다. 그는 스탈린에게 영감을 얻은 기술을 재빠르게 선보이며, 히틀러의 '장검의 밤'이나 스탈린의 '대숙청'을 연상시키는 과격한 숙청으로 정적 집단을 처형했다.

당의 어느 간부는 반정부 음모를 꾸몄다고 '자백'할 때까지 고문을 당하고 가족을 처형하겠다는 협박을 받았다. 바트당 회의에서 이 간부의 공모자로 지목된 이들은 후세인이 이름을 부르는 대로 방을 나가면 "보안대가 피의자를 한 명씩 끌고 갔다"고 《뉴욕 타임스》는 보도했다. "후세인이 명단을 읽다가 시가에 불을 붙이기 위해 잠깐 멈춘 사이, 반역자에게 죽음을 요구하는 히스테릭한 구호가

회의장 안에 울려 퍼졌다. 누가 이라크를 지배하는지 확실히 보여주기 위해 기획된 이 암울한 장면은 촬영되어 전국에 배포되었다." 그리고 20명이 넘는 사람이 총살당했다.

한때 사담 후세인 정권에 몸담았던 사이드 K. 아부리시(Saïd K. Aburish)는 이렇게 밝혔다. "사담 후세인은 스탈린주의를 차용했다. 그는 동유럽, 주로 동독에서 보안요원들을 훈련시켰다. 그런 뒤 이라크로 다시 데려와 사람들을 제거할 때 부족 간 관계를 이용하는 법을 가르쳤다. 그래서 정권에 반대하는 사람들을 색출하기 위해 스탈린식 방법을 사용했지만, 그다음에는 그의 부족 관계를 조사한다. 사담이 '압둘라만 제거하지 말고, 그의 가족 모두를 제거해. 그자의 가족 중 하나가 나를 암살하려 했으니까'라고 말하는 식이다. 이렇게 이라크의 완벽한 시스템이 만들어졌다."

어떤 독재체제에서든 생사가 오가는 갈림길에서 '당근과 채찍' 거래가 존재하기 마련이다. 독재자는 충성을 증명하고 그의 잔학 행위에 참여하는 이들에게 권력과 부라는 당근을 제시했고, 이를 거부하고 저항하거나 자신에게 도전하는 자에게는 고문, 투옥, 사형이라는 채찍을 휘둘렀다.

이러한 거래는 잠재적인 반대파를 제거하고 추종자의 충성을 보장하는 효과가 있다. 그러나 후세인은 선배 독재자들의 사례에서 또 다른 중요한 교훈을 얻었다. 이라크는 풍부한 석유 매장량을 자랑하는 산유국이었다. 석유 수출로 국가에 부가 쌓이자, 그는 수많은 개인 궁전 건설을 비롯한 대규모 공공사업을 개시했다. 아돌프 히틀

러가 집권 초창기에 독일 도시를 재건하고 고속도로 '아우토반'을
만들어 대량 실업을 종식했다는 찬사를 들었던 것과 같은 전략이었
다. 후세인은 이라크에서 시골에 전기를 공급하고 현대식 고속도로
를 건설했다.

　이러한 건설 프로젝트에는 사담 후세인 개인숭배를 일으키려는
또 다른 목적도 있었다. 이라크인들은 어디서든 자국의 지도자를
노골적으로 상기시키는 것을 접할 수 있었다. 모스크, 공항, 마을이
며 도시가 건설되면 후세인의 이름이 붙었다. 1989년 바그다드에 세
워진 개선문은 두 개의 검이 교차하는 모양인데, 검을 들고 있는 팔

바그다드의 개선문.

　　　　　　　악의 패턴

뚝은 그의 팔뚝을 40배 확대한 것이다.

"후세인이 권좌에 있는 동안 마을 입구마다 그의 동상이 설치되었고, 관공서 사무실마다 그의 초상화가 걸렸으며 각 가정의 적어도 한쪽 벽에서 그가 내려다보고 있었다. 그의 초상화가 너무도 널리 퍼진 탓에 1988년 무렵에는 이라크의 인구는 1,700만 명과 1,700만 개의 사담 후세인 초상화를 포함해 총 3,400만이라는 비아냥 섞인 농담이 회자될 정도였다."《뉴욕 타임스》특파원 닐 맥파쿼는 이렇게 썼다.

이는 독재자 개인 우상화의 일부다. 독재자는 대규모 건설 프로젝트와 선전을 통해 대중에게 실제보다 더 큰 존재감을 발휘한다. 그는 자신을 위해 황금 궁전을 지으며 그를 지도자로서 숭배하는 사람들에게 감동을 주었지만, 그에 대한 열정이 충분하지 않거나 저항하는 사람들은 언제나 위험에 처했다.

"후세인에게는 독재자가 모든 것이라고 믿는 가난한 농부와도 같은 고집스런 정신세계가 있었다." 맥파쿼는 말한다.

무솔리니의 이탈리아, 히틀러의 독일, 스탈린의 소련, 마오쩌둥의 중국처럼, 이라크도 빠르게 '일당 국가'가 되었다. 고등교육을 받고 야심만만한 사람들에게 바트당원이 되는 것은 필수 이력이었다. 후세인에게 은혜를 입은 수니파 출신으로 이루어진 특별 공화국 수비대는 최정예 사병 조직이 되어주었다. 사담 후세인은 이라크에 유입된 오일 머니 중 거액을 빼돌려 자신과 주로 자기 가문 출신의 총애하는 지지자들에게 엄청난 부를 쏟아부었다. 다른 독재자들이 그랬듯 비밀경찰들이 도처에서 후세인의 뜻을 집행하게 했다. 공포가 만연했다. 고문 그리고 고문의 위협으로 정권을 지탱했다.

마침내 사담 후세인 치하의 이라크에서는 정치범과 '범죄자', 탈영병에 대한 고문이 표준 정책이 되기에 이르렀다. 2001년 국제앰네스티의 보고서에 따르면, 탈영병의 귀를 자르고, 첩보대 심문관이 강제 자백을 유도하기 위해 눈과 혀, 발톱을 뽑는 등 잔혹 행위의 수준이 등골이 오싹해질 정도였다고 한다. "피해자들은 몽둥이, 채찍, 호스, 금속봉 등으로 구타를 당했고, 천장에서 빙글빙글 도는 선풍기나 가로로 놓인 기둥에 통닭구이처럼 매달려 몇 시간 동안 반복적으로 전기 충격을 받았다. 그들은 이를 국제앰네스티에 증언했다. 일부 피해자들은 자신의 눈앞에서 가족이나 친척을 비롯한 다른 사람들이 고문당하는 모습을 지켜봐야만 했다."

어떤 이의나 반대에 대해, 때로는 아무 이유도 없이 처벌받을 수 있다는 공포가 이라크 국민의 머리 위에 불길한 구름처럼 드리워 있었다. 사담 후세인 치하에서 자행된 가학적인 고문과 무자비한 폭력 행위의 실체가 2003년 미국이 이라크를 침공하면서 만천하에 드러났다. 《보스턴 글로브》지의 한 기사에 따르면, 정치범, 처형된 이들의 친척, 그 외 '국가의 적'을 포함한 희생자들은 고문의 칼날에 팔이나 귀, 발 하나를 잃었다.

사담 후세인의 개인 주치의였던 의사는 투옥되었던 경험을 들려주었다. "처음 5년 동안은 낮인지 밤인지 알 수도 없는 가로 2미터, 세로 2.5미터의 독방에 갇혀 있었다. 내 몸은 이가 들끓을 만큼 더

러웠고, 밤에는 입안으로 바퀴벌레가 들어오기도 했다. 아침이고 밤이고 할 것 없이 간수가 와서 나를 때렸다. 아무것도 아닌 이유로."

"아무것도 아닌 이유로"라는 말은 조지 오웰의 『1984』의 암울한 구절을 떠오르게 한다. "권력은 수단이 아닐세, 목적 그 자체이지. 혁명을 수호하기 위해 독재를 하는 것이 아니라, 독재를 하기 위해 혁명을 일으키는 것이지. 박해의 목적은 박해이고, 고문의 목적은 고문이지. 권력의 목적도 권력 그 자체이지."

다른 독재자들처럼 사담 후세인 역시 젊은이들의 충성을 쌓고 싶어 했다. 그리하여 많은 이라크 젊은이, 특히 빈민층을 중심으로 후세인 치하의 청소년 단체 라이온 컵스가 구성되었다. 후세인과 바트 당에 대한 충성을 주입하기 위한 목적이었다. 여름 캠프에 참가했던 한 소년은 찌는 듯한 열기 속에서 행군하던 중 명령을 따르지 않는다는 이유로 교관에게 따귀를 맞고 늑대가 울부짖는 소리를 들으며 들판에서 밤을 보내야 했다고 회상한다. 이 캠프는 매년 8월, 입으로 개의 살점을 뜯어먹는 이라크 전사의 풍습을 영상으로 촬영하면서 절정에 달했다.

"개들은 이미 죽어 있었어요. 정말 끔찍했어요." 1998년 열세 살 나이에 그 캠프에 참여했던 젊은이는 말했다. 그리고 그 피비린내가 아직도 기억난다고 했다.

섬뜩한 사디즘이 후세인이 그린 꿈의 두드러진 특징이었다. 그는 이라크를 스포츠 강국으로 만들고 세계 수준의 올림픽 축구팀을 출범시키고 싶었다. 사담 후세인은 그의 장남 우다이(Uday)에게 올림픽 준비 위원회를 맡겼다. 많은 증언에 따르면, 우다이 후세인은 아버지의 잔인성을 뛰어넘는 인물로 올림픽 대표팀 훈련을 수치와 고문이 횡행하는 무시무시한 훈련으로 바꾸었다고 한다.

우다이가 전권을 행사하던 시절, 그는 경기에서 지거나 훈련을 충분히 하지 않았다 싶은 선수들에게 모욕을 주기 위해 머리를 밀어버리기도 했다. 일부 선수는 거꾸로 매달려 발바닥에 채찍질을 당하기도 했고, 어떤 이는 뜨거운 모래에 목만 내놓은 채 묻히기도 했다. 손가락이나 귀가 절단되거나 전기 충격으로 고문당하기도 했다. 축구팀의 경우는 콘크리트 축구공을 맨발로 차야 했다.

국가대표 축구팀 감독을 지낸 임마누엘 바바 다노(Immanuel Baba Dano)는 고문당한 선수들은 배설물로 범벅이 된 채 감옥에 갇히기도 했다고 증언했다. 어떤 이들은 안쪽에 뾰족한 못이 박힌 석관에 갇혀 질식사했고, 들개 떼가 몇몇 선수를 갈기갈기 찢어 죽였다고도 한다. 얼마나 많은 선수가 죽임을 당했는지 아직 확실히 밝혀지지 않았다.

우다이 후세인은 자신의 농장에서 사자를 두 마리 키웠다. 대학생 둘이 우다이의 명령에 따라 체포되어 그의 농장으로 끌려갔다. 우다이의 전직 처형 집행인은 2003년 《선데이 타임스》에 이 젊은이들이 사자 먹이가 되었다고 털어놓았다.

"사담 후세인이 거친 사람이라는 건 우리도 잘 알았습니다. 하지만 그는 혜택을 주기도 했어요. 이라크 사람들이 필요로 하고 원하는 많은 것을 얻을 수 있었기 때문에 후세인이 인기 있었던 겁니다.

　　　　　악의 패턴

그는 여기저기서 사람들을 제거했습니다. 그리고 시간이 흐르며 모든 독재자가 그렇듯 균형이 역전되었지요. 마침내 제거 행위만 남고 국민에게 혜택이 돌아갈 행위는 사라지게 되었습니다." 후세인 밑에서 일했던 사이드 K. 아부리시가 말했다.

반체제 인사와 이라크에서 탈출한 이들의 증언에 따르면, 온 나라가 공포로 충성과 질서가 유지되는 고문 수용소가 되었다. 아랍 세계의 지도자로서 웅대한 비전을 품었던 후세인은 기자들을 매수해 자신을 찬양하는 기사를 쓰게 했다. 또한 테러리스트를 지원하고 이라크 과학자와 엔지니어를 압박해, 쿠르드족에게 쓴 것 같은 화학무기와 원자폭탄, 다른 방사능 무기 같은 대량살상무기를 생산하게 했다. 이를 위해서는 오일 머니가 필요했다. "석유, 돈, 무기, 테러. 이것이 티그리스강의 스탈린을 꿈꾸는 이의 도구였다."

사담 후세인은 이란 유전을 기습 공격했고, 이는 양국 모두에 재앙을 부른 8년간의 전쟁으로 이어졌다. 그리고 전쟁이 끝나고 불과 2년 후인 1990년 8월, 부유한 산유국이자 그들보다 더 부유한 사우디아라비아와도 국경을 접한 이웃 나라 쿠웨이트를 침공했다. 쿠웨이트는 사실상 무방비 상태였고 이란보다 국토도 작았다. 하지만 쿠웨이트에게는 막강한 우방이 있었다.

사담 후세인의 침공은 이라크에 또 다른 재앙을 가져왔다. 유엔이 사담 후세인에 대항하기 위해 미국 대통령 조지 허버트 워커 부시 (George Herbert Walker Bush)를 동원한 것이다. 그는 조지 W. 부시 (George W. Bush)의 아버지인 1대 부시 대통령이다. 아버지 부시는 이라크에 신속하게 대응해 사우디아라비아 인근의 광대한 유전을 보호하기 위한 '사막의 방패(Desert Shield)' 작전을 수립했다. 그는 후세인의 병력이 사우디아라비아를 기습하면 세계 석유 매장량의 40퍼센트 이상이 독재자의 손에 들어가게 된다는 사실을 파악하고 있었다. 특히 후세인이 이오시프 스탈린을 롤모델로 삼고 그 뒤를 따르려 한다는 점을 감안하면, 그가 이토록 중요한 자원을 장악할 경우 무서운 결과가 초래될 것이 자명했다. 미국은 자유를 수호한다는 거창한 수사를 내세웠지만, 쿠웨이트나 사우디아라비아가 인권이나 민주적 자유에는 관심 없는 봉건 군주제 국가였던 만큼 진짜 동기는 세계 석유 매장량의 상당 부분을 장악하려는 후세인의 야욕을 저지하려는 것이었다고 봐야 한다.

미국은 유엔의 승인을 받아 쿠웨이트에서 이라크를 몰아내기 위해 모인 39개국 다국적군을 이끌었다. '사막의 폭풍(Desert Storm)' 작전으로 며칠간 파괴적인 공습을 퍼부은 뒤 결정적인 지상 공격을 신속하게 개시했다. 사담 후세인이 "모든 전쟁의 어머니"가 될 것이라고 뽐냈던 전쟁은 불과 42일 만에 끝났다. 미국이 주도하는 연합군이 이라크군을 뒤쫓자, 이라크의 독재자는 쿠웨이트의 유정에 불을 지르라고 명령했다. 공습으로부터 이라크군을 보호하면서 유정을 파괴할 목적이었다. 하지만 화재는 진압되었고, 쿠웨이트는 곧 해방되었다.

그때 사담 후세인을 실각시켰을 수도 있었다. 그러나 부시 대통령과 보좌관들이 유엔의 대이라크 조치를 완수했다고 발표하면서, 미국이 주도하던 공세가 중단되었다. 부시 대통령과 그의 국가안보보좌관 브렌트 스코크로프트(Brent Scowcroft)는 1998년 함께 출간한 책『변혁된 세계(A World Transformed)』에서 이렇게 썼다. "우리가 공격을 계속했더라면 아마도 미국은 매우 적대적인 땅을 지금까지 점령하고 있을 것이다. 그랬더라면 전혀 다른 결과를 맞았거나, 어쩌면 아무 성과도 없었을 것이다."

사담 후세인의 이웃 나라 기습 능력은 무력화되었고, 이라크도 황폐해졌다. 수만 명의 이라크군과 수천 명의 민간인이 목숨을 잃었다. 쿠르드족의 거점 지역과 다른 지역에서 사담 후세인 정권에 반대하는 격렬한 폭동이 일어났다. 그러나 그는 약해지지 않고 권력의 고삐를 더욱 조이는 듯했다. 이라크군은 다시 한 번 대량 살인, 고문, 강간, 군에 의한 무차별 살인에 의존해 잔혹하게 반란을 진압했다. "반군 전사들은 가족과 함께 산으로 후퇴했다. 그들이 후퇴할 때 이라크군 헬리콥터에서 그들에게 가루를 살포했다. (…) 수천 명의 쿠르드인을 죽인 잔인한 가루형 화학무기가 떠오르는 것이었다." 데이브 존스(Dave Johns)는 이렇게 보도했다.

사담 후세인은 그 후 10년간 공포정치를 이어갔다.

그리고 2001년 9월 11일, 테러리스트 집단 알카에다(Al-Qaeda)가 뉴욕의 세계무역센터와 워싱턴의 국방부를 공격했다. 이에 미국은 1996년부터 아프가니스탄을 지배해오며 9·11 테러를 계획한 알카에다의 지도자 오사마 빈 라덴(Osama bin Laden)에게 은신처를 제공해준 수니파 이슬람 근본주의자 집단인 탈레반(Taliban) 정권의 붕괴를 위해 아프가니스탄 침공으로 대응했다.

이라크가 9·11 테러에 연루되었다는 증거는 없었지만, 후세인은 미국의 다음 목표가 되었다. 조지 W. 부시는 이라크에 대량살상무기를 없애고 테러 지원을 중단하고 국민 억압을 종식할 것을 요구했다. 이는 미국 역사상 최초의 선제적 전쟁인 이라크 전쟁에 돌입한 공식적인 이유가 되었다. 이라크 지도자 사담 후세인을 몰아내고 정권 교체를 이룬다는 명분이었다. 후세인이 알카에다와 관련 있다는 부시 행정부의 주장은 신빙성이 없었고, 이라크가 곧 핵무기와 대

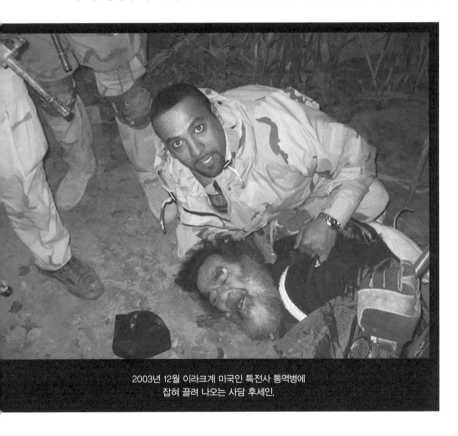

2003년 12월 이라크계 미국인 특전사 통역병에
잡혀 끌려 나오는 사담 후세인.

악의 패턴

량살상무기를 확보할 예정이었다는 정보는 후세인 정권이 무너지고 얼마 지나지 않아 잘못된 것이었음이 밝혀졌다.

바그다드와 이라크 전역은 곧 미 공군의 위력에 압도당했는데, 짜릿한 비디오게임처럼 텔레비전으로 중계된 이 작전은 '충격과 공포(shock and awe)'로 유명해졌다. 공격을 개시하고 6주도 채 안 되어 미군이 상륙해 바그다드를 명목상 통제하게 되었다. 이라크군은 진압되거나 항복하거나 숨었다. 사담 후세인과 그의 두 아들도 사라졌다.

미국은 사담 후세인과 그의 가장 가까운 조언자의 행방을 알아내기 위해 수백만 달러의 현상금을 거는 동시에, 이라크 전역에 강도 높은 인신공격을 시작했다. 고액 현상금을 걸자 과거 많은 영역에서 아버지 후세인을 대신했던 아들 우다이와 쿠세이(Qusay)에 대한 제보가 빗발쳤다. 2003년 7월 22일, 미군이 이라크 북부 모술의 한 별장을 급습해 총격전을 벌인 끝에 후세인의 두 아들은 사망했다.

2003년 12월 13일, 미군은 티크리트 근처의 고향에서 멀지 않은 민가의 지하 2.5미터 아래 땅굴에 숨어 있는 사담 후세인을 발견했다.

재판에서 사담 후세인은 사형선고를 받았고, 붙잡힌 지 3년이 좀 지난 2006년 12월 30일 교수형에 처해졌다.

사담 후세인 정권이 무너진 후 그의 통치 기간 이라크를 장악한 공포정치의 행태가 만천하에 드러났다. "황금 기관총, 귀와 성기에 전기 충격을 주는 용도의 전선, 뱀과 맹수, 나체 여성을 그린 판타지 그림, 바닥에 사람의 배설물을 내보내는 시멘트 배관과 붉은 철조망 등 이라크 감옥과 궁전, 안전가옥에서 발굴된 물건은 이 정권의 잔혹함과 사치를 보여준다." 2003년 5월 《뉴욕 타임스》는 보도했다.

바그다드에서 32킬로미터 떨어진 아부그라이브에는 교도소가 있다. 사담의 통치 시절 아부그라이브는 "고문이 횡행하고 매주 처형이 집행되며 생활환경이 극도로 열악하기로 세계에서 가장 악명 높은 교도소 중 하나였다"고 퓰리처상을 수상한 탐사보도 저널리스트 세이모어 허시(Seymour Hersh)는 썼다. "정확한 수치는 알 수 없지만 약 5만 명의 남녀 죄수가 아부그라이브의 가로세로 3.6미터의 방에 갇혀 있었다. 이는 인간이 지낼 최소 공간에도 못 미치는 수준이었다."

미국 점령군이 이 교도소를 접수해 청소, 보수하여 군 교도소로 개조했다. 그러나 미군 통제하에서도 아부그라이브는 다시 과거의 악명을 떨치게 되었다. 미군과 미국 정보기관 요원들이 사담 후세인의 과거 고문 교도소에서 이라크 전범을 대상으로 광범위한 학대를 행해 비난받은 것이다. 군과 의회의 조사로 끔찍한 학대 기록이 드러났다. "군 규정과 제네바협약이 상시로 위반되었고, 포로들의 일상 관리 상당 부분은 육군 정보부대와 민간 계약직 직원에게 맡겨졌다. 협박과 고문을 포함해 포로를 심문해 정보를 얻어내는 것이 최우선이었다." 허시는 이렇게 썼다.

전적으로 악행을 행하는 국가나 덕행을 행하는 국가는 없다. 그곳에서 미군이 저지른 범죄는 인간이 얼마나 쉽게 잔인해질 수 있는지를 암울하게 상기시킨다. 사담 후세인의 고문 지옥은 과거 그가 롤모델로 삼은 이오시프 스탈린에 기원한다.

"그는 자신의 궁에 온전히 스탈린에게 헌정하는 방 하나를 마련해두고, 이 독재자에 대한 사진과 책, 수집품으로 채웠다. 스탈린처럼 그는 문맹 퇴치 교육을 추진하고 일자리를 창출해 가난한 무산계급의 마음을 얻었다. 그리고 스탈린처럼 쿠데타를 이끌어 관료와 군대, 비밀경찰들이 세운 완전한 충성심의 정상에 홀로 군림했다. 스탈린처럼 사소한 반체제의 조짐에도 가혹하게 처벌했다. 스탈린처럼 수천 명의 정보원과 집행자들을 국민 사이에 배치해 국가를 통제했다." 예일대학교 역사학과 교수 메리 하베크(Mary Habeck)는 말한다.

역사상 가장 유명한 독재자를 주인공으로 한 희곡인 셰익스피어의 『율리우스 카이사르』에서 마르쿠스 안토니우스는 이렇게 말한다. "인간의 악행은 죽은 뒤에도 남지만, 선행은 뼈와 함께 묻히고 만다."

무솔리니, 히틀러, 스탈린, 마오쩌둥, 사담 후세인. 이들과 함께 묻힐 선행을 찾기는 어렵지만 악행은 그들과 함께 살아남았다. 그들의 악행이 설명될 수 있을까? 이처럼 잔인한 살인자를 만드는 독재자 증후군이라도 있는 걸까? 아니면 그들은 그저 미친 인간일까? 많은 역사가가 이 문제를 두고 논쟁을 벌이고 있다.

2003년 사담 후세인이 체포된 후 에리카 구드(Erica Goode)는 이렇게 썼다. "스탈린과 히틀러처럼 후세인도 광인으로 언급된다. 광기 외에는 이처럼 무자비하고 잔인한 만행을 받아들이기 어렵기 때문이다. 하지만 악행이 곧 광기의 산물은 아니다. 대부분 역사 분석가들은 정신병의 관점에서 스탈린이나 히틀러의 만행을 설명하려는 시도를 거부해왔다." 또 그녀는 후세인의 성장 과정과 집권기에 정통한 전문가들에 따르면 그가 사이코패스라거나 심각한 정신질환을 앓았다는 증거는 없다고 덧붙였다.

구드는 그보다는 사담을 '악성 자기애자(malignant narcissist)'로 해석하는 편이 더 설득력 있다는 연구자들의 견해를 제시한다. 이 용어는 극단적인 자기애가 사디즘, 공격성, 과대망상, 반사회적 행동과 결합해 여러 특징이 혼재된 심리학적 증후군을 가리키는데, 히틀러와 스탈린에게 적용된다. 정치심리학자 제럴드 M. 포스트(Jerrold M. Post) 박사에 따르면, 이러한 유형의 지도자들은 극단적 자아도취, 과대망상, 양심의 제약, 목표 달성을 위해서는 수단과 방법을 가리지 않는다는 네 가지 특징을 공통적으로 보인다.

사담 후세인은 오랜 세월 동안 끔찍한 인명 피해를 야기하고 이라크인의 운명을 희생시키며 수단과 방법을 가리지 않는 면모를 여과 없이 보여주었다. 에리카 구드는 사담 후세인을 이렇게 평가했다. 그는 "국가를 무대로 국민을 소품으로 삼아 전능함이라는 자신의 판타지를 실현한" 사람이었다.

1937년 4월 28일 ··· 사담 후세인, 이라크 북부 티그리스강 유역의 티크리트 근처에서 출생하다.

1958년 7월 14일 ··· 쿠데타로 이라크 왕정이 폐지되다.

1968년 7월 30일 ··· 후세인의 바트당이 쿠데타로 권력을 잡다.

1979년 7월 ··· 사담 후세인, 이라크 대통령에 취임하다.

1980년 9월 23일 ··· 이란 - 이라크 전쟁이 발발해 이 전쟁으로 양국 50만여 명의 군인이 사망하다.

1988년 3월 ··· 이라크 내 소수민족 쿠르드족에게 독가스 사용.

1988년 8월 ··· 정전 선언.

1990년 8월 2일 ··· 이라크가 쿠웨이트를 침공하다.

1991년 1월 16일 ~2월 28일 ··· 걸프전 발발. 미국을 위시한 유엔 39개국 다국적 연합군이 쿠웨이트에서 이라크를 몰아내다.

2001년 9월 11일 ··· 이슬람 테러리스트들이 뉴욕의 세계무역센터와 워싱턴 DC의 국방부를 공격하다.

2003년 3월 20일 ··· 조지 W. 부시 대통령이 사담 후세인 타도를 기치로 이라크 침공을 개시하다.

2003년 12월 13일 ··· 사담 후세인, 미군에 체포되다.

2006년 12월 30일 ··· 이라크 법정에서 반인륜적 범죄로 유죄 판결받고 교수형에 처해지다.

★ ★ ★ ★ ★ ★

반복되는 역사

링컨기념관

새로운 세대의
괴물들

나는 노예가 되고 싶지 않으므로 주인도 되지 않을 것이다.
이것이 민주주의에 대한 나의 생각이다. 이와 무엇이 다르더라도,
다른 만큼 민주주의와 멀어진다.

– 에이브러햄 링컨

● ● ●

그들의 으스대는 끔찍한 아이들에게 비난받은 이들을 위해,
페퍼민트스타 꽃과 완벽한 국가라는 찬사를 위해, 목이 졸리거나
거세되거나 그저 아사한 사람들을 위해, 완벽한 국가를 만들기 위해
붉은 사제복을 입고 목을 매단 성직자를 위해, 그 유대인은
가슴이 눌려 눈을 감았고 혁명가는 경호원에 린치를 당했네.
모두 완벽한 국가를 위해, 완벽한 국가의 이름으로

– 스티븐 빈센트 베네의 시 「독재 국가에 바치는 기도」 중에서

● ● ●

모든 동물은 평등하지만, 어떤 동물들은 다른 동물보다 더 평등하다.

– 조지 오웰, 「동물농장」 중에서

● ● ●

'절대 다시는(Never Again)'과 '잊지 않기(Lest we forget)', 이 간단한 슬로건은 기억하기 쉬워서 자주 인용된다. 그런데 그만큼 세상이 잘 해냈을까?

　이 책에서 간략히 다룬 끔찍한 사건 중 일부는 현대 세계사에서 소름 끼칠 만큼 잔혹한 장면이다. 하지만 이 장면은 계속해서 반복된다. 그래서인지 때로는 고통이라는 뫼비우스의 띠처럼 보이기도 한다.

　세계 지도자와 역사가, 교사들을 비롯해 많은 이가 이들 독재자의 이야기에 담긴 잔혹 행위와 비극적 역사에 대해 자주 이야기한다. 나치가 저지른 홀로코스트와 대학살, 스탈린 치하에서 일어난 대기근 홀로도모르, 굴라크, 대숙청, 마오쩌둥의 대약진운동과 문화대혁명 같은 폭정, 사담 후세인이 자행한 쿠르드족 화학무기 공격과 여러 반인륜적 범죄들. 이런 섬뜩한 역사는 진취적인 저널리스트나 역사가들이 밝혀내기를 기다리며 묻혀 있는 비밀이 아니다. 이에 대한 문서도 잘 보존되어 있다. 이 역사는 어둠이 아닌 백일하에 드러나 있다.

"자비롭게도 1933년 독일에서 일어난 일과 그 여파는 유례없이 끔찍한 사건으로 역사에 남을 것이다. (…) 또한 미래의 '미친개들'에게 물리기 전에 그들을 세계 정치적으로 제지할 국제 협력의 필요성을 일깨워준다"라고 쓴 이언 커쇼의 말을 믿으면 위안이 될 것이다.

비극적이게도, 히틀러와 나치 독일의 만행을 두고 "유례없이 끔찍"하다고 표현하는 것은 적절하지 않다. 히틀러의 패배 이후 스탈린 시대의 소련과 마오쩌둥 시대의 중국 역사는 나치 정권이 마지막 '미친개들'이 아님을 보여준다. 나치 이후 최근까지도 규모만 다를 뿐 의도는 다르지 않은 대량 살인, 인종 청소, 대학살 같은 일이 벌어지고 있다.

더욱 중요한 점은, 이런 잔혹한 과거를 인정하고 연구하고 기억하면 미래에 이러한 재앙을 막을 수 있다는 반성이 그리 잘 이루어지지 않았다는 사실이다. 앞에서 다룬 다섯 인물의 만행 전후로도 수많은 '미친개들'이 세계 역사 여기저기에 등장했다.

여기서 아돌프 히틀러가 그의 장군들에게 했던 연설을 다시 살펴볼 가치가 있다. 히틀러는 2차 세계대전의 시작점이 된 1939년 폴란드 침공을 일주일 앞두고 군 지도부를 만난 자리에서 서맨사 파워의 표현을 빌려 "최근의 역사에서 배운 악명 높은 교훈, 즉 역사는 승자의 것"이라는 메시지를 전했다.

"칭기즈칸이 수천 명의 여성을 죽음으로 내몰았다는 사실은 누구나 잘 알면서도 가볍게 받아들인다. 역사는 그를 한 국가의 창시자로만 본다. (…) 전쟁의 목적은 명확한 목표에 도달하는 것이 아니라 물리적으로 적을 섬멸하는 것이다. 이는 우리가 필요로 하는 필수적인 생활공간을 확보하는 수단이다. 오늘날 아직도 아르메니아인 학살에 대해 말하는 사람을 본 적이 있는가?"

히틀러가 말한 아르메니아인 학살은 1차 세계대전 당시 독일의 동맹이었던 터키의 장군 엔베르 파샤가 수백만 명을 죽인 사건이다. 파워는 또한 이오시프 스탈린도 사형 집행 명령서에 서명하면서 비슷한 말을 했다고 한다. "누가 10년, 20년 후에 이런 사형수들을 기억하겠는가? 당연히 아무도 없을 것이다."

오늘날 아직도 아르메니아인 대학살에 대해 말하는 사람이 있는가?

수백만 명의 죽음에 책임이 있는, 치명적으로 위험한 독재 정권의 리스트는 굉장히 길다. 이 책에서 다룬 다섯 사례는 시작도 끝도 아니다. 그리고 이처럼 무시무시한 기록을 낳은 것이 전쟁이나 정치이념이 아닌 경우도 있다.

1880년대 후반, 유럽 열강들이 아프리카를 식민지로 삼고 그 자원을 착취하기 위해 경쟁하던 시절, 벨기에의 레오폴드 2세는 콩고강 유역, 탐험대의 발길이 닿지 않은 광대한 영토를 점령했다. 고무가 풍부한 콩고는 이 중요한 자원의 상품성이 높아지면서 암울하고 잔혹한 착취가 비일비재한 곳이 되었다. 벨기에 왕국의 통치하에서 콩고인들은 고무 채취 할당량을 채우지 못하면 강간, 살인, 기아, 사지 절단의 고통을 겪어야 했다. 레오폴드 2세의 잔혹한 정권 아래 사망한 이들은 1,000만 명에 달하며, 모두 이윤을 위해 희생되었다. 역사학자 애덤 호크실드(Adam Hochschild)가 저서 『레오폴드 왕의 유령(King Leopold's Ghost)』에서 "홀로코스트에 상당하는 사망자 수"라고 말했듯, 이러한 광범위한 파괴 행위로 인해 콩고는 "현대 역사상 큰 희생을 낳은 죽음의 땅"이 되었다.

그 목록은 여기서 끝이 아니다. 히로히토 일왕(그는 전범 재판에 회부되지도 않았다) 치하의 일본도 독일의 동맹국으로서 2차 세계대전 중 아시아 국가를 점령해 무자비하게 지배했다. 그들은 많은 여성을 일본군을 위한 '위안부'라는 성노예로 삼아 악명 높은 만행을 저질렀고, 아시아 전 지역에서 수백만 명을 강간, 살해하고 강제징용했다. 1941년부터 1944년까지 일본의 총리를 지낸 도조 히데키(東條英機)는 전쟁 중 최소 500만 명의 민간인 사망에 관련된 책임자로서 1948년 전범으로 처형되었다.

베트남 공산당 지도자 호치민(Ho Chi Minh)과 캄보디아의 폴 포트(Pol Pot)도 수백만 명의 죽음과 관련해 비난받고 있다. 아프리카에서는 우간다의 이디 아민(Idi Amin)이 무자비함으로 유명하지만, 1971년부터 1979년까지 정권을 잡은 8년 동안 '빅 대디(Big Daddy)'라고 불리며 다소 코믹하게 묘사되기도 했다.

그로 인해 희생된 사람들의 수는 불확실하지만, 그는 자신의 또 다른 별명인 '우간다의 도살자'답게 살인을 저지르며 정적을 제거해 독재 권력을 확고히 했다. 영국 육군 취사병이었던 이디 아민이 상

악의 패턴

상이든 실제든 목표로 삼은 대상은 다른 육군 장교, 농부, 학생, 점원, 상점 주인, 정부 관리, 우간다 교회 대주교 같은 종교 지도자 등 전방위에 걸쳐 있었다. 목격자들에 따르면, 이들 희생자는 총에 맞거나 서로를 때려죽이도록 강요받았다고 한다. 그의 《뉴욕 타임스》 부고에 적힌 바와 같이, 이디 아민은 최소 30만 명의 우간다인을 죽였다. 자신의 내각 장관들을 비롯해 정적들을 빅토리아 호수의 악어 밥으로 던졌다는 이야기도 전한다. 그는 이러한 범죄로 재판받지 않고 축출된 후 사우디아라비아로 망명해 2003년 죽을 때까지 편안한 여생을 보냈다.

21세기 초반에도 반인륜적 범죄가 자행되고 있다. 북한, 미얀마, 중국, 시리아는 대학살에 가까운 정책으로 규탄의 대상이 되고 있다. 2014년 전 시리아 종군기자가 바샤르 알아사드(Bashar al-Assad) 정권 시절 자행된 잔혹 행위를 기록한 수천 장의 사진과 문서를 밀반출했다. 이에 대해 당시 미 국무부 최고 전범 담당관 스티븐 랩(Stephen Rapp)은 "솔직히 나치 이후 우리가 보지 못했던 잔혹한 죽음이 조직적으로 일어났다는 확실한 증거"라고 말했다.

인권 감시 단체 프리덤 하우스(Freedom House)는 2019년 세계 민주주의 보고서에서 "세계 강국이 적절히 대응하지 못하거나 폭력을 방조함으로써 시리아와 미얀마에서 특정 민족과 종파에 속한 수십만 명의 민간인이 살해되거나 추방되었다. 러시아의 크림반도 점령에 따라 크림 타타르족과 우크라이나 정체성을 유지하자고 주장하는 사람들에 대해 표적 탄압이 이루어졌다. 중국이 80만 명에서

200만여 명에 달하는 위구르족과 다른 무슬림을 강제로 '재교육' 캠프에 수용한 집단 억류 행위는 소수 집단이 지닌 뚜렷한 정체성을 말살하려는 초강대국의 시도로밖에 해석되지 않는다"고 발표했다.

지구상 어떤 나라도 북한의 잔혹함을 능가하지는 못할 것이다. 김정은은 전형적인 히틀러, 스탈린, 마오쩌둥식 독재를 펼쳐 그들과 똑같이 대기근을 야기하고, 노동 교화소, 처형으로 수백만을 죽음으로 몰고 간 공산주의 독재 정권의 후계자다. 그는 핵무기 개발을 계속하면서 극도로 잔인한 방식으로 통치하여, 북한을 세계 최악의 인권 침해국으로 만들고 있다.

유엔에 따르면, 북한에서 자행되는 "이러한 반인륜적 범죄는 몰살, 살해, 노역, 고문, 감금, 강간, 강제 낙태 및 성폭력, 정치·종교·인종·성별에 따른 박해, 강제이주, 강제 실종을 비롯해 고의적 장기 기아를 유발하는 비인도적 행위를 수반한다." 유엔 인권이사회를 위해 준비된 300쪽이 넘는 이 보고서에는 북한은 "포괄적인 교화 기계를 작동한다. 공식적으로 우상 숭배를 전파하고 최고 지도자에 대해 절대 복종하도록 어린 시절부터 세뇌 교육을 실시한다"고 기록되었다.

북한의 핵무기 개발 능력은 우려스럽지만, 다른 무기나 군사력, 경제력은 여전히 블라디미르 푸틴(Vladimir Putin) 치하의 러시아에 비하면 상당히 미비한 수준이다. 2017년 푸틴은 이오시프 스탈린 이래 최장기 재임한 러시아 지도자가 되었다. 소련의 비밀경찰 KGB 요원이었던 푸틴은 1999년 총리로 임명되고 다음 해인 2000년에 대통령으로 선출되었다. 그 후로 거의 반대 없이 재선을 허용하도록 러

악의 패턴

시아 법을 개헌했다. 그는 러시아 언론 매체를 완전히 장악했고, 선전, 협박, 기소, 공포를 이용해 정적을 제거했다. 2000년 그는 10년에 걸친 군사 작전을 시작했다. 그는 구소련의 체첸공화국에서 일어난 이슬람 분리주의 반란을 진압하면서 권력에 맞서면 "포로를 잡지 않는(take-no-prisoners)" 무자비한 접근법으로 대응하겠다는 의지를 보여주었다. 이 기간 사망자 수는 2만 5,000명에서 많게는 10만 명에 이를 것으로 추정되는데, 그중 많은 수가 민간인이다.

푸틴의 지시에 따라 러시아는 우크라이나로부터 크림반도 영유권을 주장하며 공격적으로 움직였다. 언론인 암살과 기타 반체제 인사들에 대한 암살 시도는 모두 배후에 푸틴의 크렘린이 있었다. 그리고 푸틴은 자신과 충성스러운 일부 측근들을 위해 러시아의 풍부한 석유, 화학 및 기타 천연자원에 대해 통제를 강화했다. 그 덕분에 최근 추정치에 따르면 그는 순자산이 2,000억 달러에 달해 아마존의 제프 베이조스, 마이크로소프트의 빌 게이츠를 제치고 세계 최고 갑부에 등극할 수 있었다.

푸틴은 유럽과 미국의 선거에 불법 개입했다는 의혹도 있다. 2016년 미국 대선이 치러지기 몇 달 전 미국 정보기관들은 러시아가 미국의 민주주의에 지속적으로 공격을 가하고 있다는 사실을 포착했다. 러시아가 해킹을 저지르고 은밀한 영향력을 행사함으로써 정확히 어느 정도 영향을 미쳤는지 논의가 계속되는 가운데,《뉴욕 타임스》기자 스코트 셰인(Scott Shane)과 마크 마제티(Mark Mazzetti)가 다음과 같이 결론 내렸다.

"러시아는 향후 수십 년간 논의될 만큼 획기적인 수준으로 선거에 개입했다. 푸틴 대통령은 개인적 적대감에 따라 러시아의 권력을 공적, 사적 도구로 삼아 대담하고 능숙하게 미국 정치의 흐름을 움직였다. (…) 러시아의 개입은 본질적으로 페이스북, 트위터 같은 미국 기업, 이민자와 인종에 대한 미국 시민의 감정, 특종을 열망하지만 선을 지키는 미국 언론인, 트럼프 대통령 자문단의 순진한(어쩌면 그리 순진하지 않을 수도 있는) 야망을 장악했다는 것이다. 총 100명에 불과한 러시아의 트롤(Troll, 온라인상 타인의 화를 부추기고 감정을 상하게 하면서 파괴적인 행동을 일삼는 사람 - 옮긴이), 해커, 요원의 임무는 수백만 미국인 유권자를 조종하는 것이었다. 조금만 손대도 선거를 방해할 수 있다는 것을 알고 있었다."

블라디미르 푸틴이 소련의 붕괴를 재앙이라 칭한다는 점에서, 그가 과거 스탈린의 제국을 재건설하기를 꿈꾼다고 짐작하는 이들이 많다. 러시아 태생의 언론인 마샤 게센(Masha Gessen)도 저서 『미래는 역사다: 어떻게 러시아는 전체주의로 환원했는가(The Future Is History: How Totalitarianism Reclaimed Russia)』에서 이렇게 주장했다. 스탈린 통치의 참혹한 유산이 밝혀졌음에도 이 독재자가 크게 존경받고 있다는 사실은 눈이 번쩍 뜨일 만큼 충격적이다. 2003년 러시아인들에게 '역대 가장 위대한 인물'을 물은 여론조사에서 응답자의 40퍼센트가 스탈린, 21퍼센트가 푸틴이라고 답했다. 5년 뒤 같은 질문에 응답자의 32퍼센트가 가장 위대한 인물로 푸틴을, 36퍼센트가 스탈린을 꼽았다.

권위주의, 전체주의를 비롯해 어떤 종류의 독재 정권이든 생명을 위협하는 위험한 전염병과 똑같이 인식해야 한다. 이러한 질병에 대한 최선의 예방책은 면역력을 키우는 것이다. 교육은 백신과 같다. 역사를 이해하는 것도 독재의 위험에 대해 우리 자신의 면역력을 높이는 과정의 일환이다.

역사의 경험을 통해 배우려면 독재 정권의 패턴, 즉 독재자의 전술을 알아야 한다. 독재 정권 수립으로 가는 단계마다 이러한 특징이 녹아 있고, 그 청사진에는 다음과 같은 내용이 포함된다.

- ★ 국가의 과거 영광이나 위대함을 재현하겠다는 극단적 민족주의.
- ★ 단일 집단에 책임을 돌린다. 주로 소수민족이나 소수 종파, 외국의 위협이 그 대상이 된다.
- ★ 대부분 실재하지 않는 비상사태에 대한 경고, 혹은 국가를 위협하는 심각한 경제적 위협에 대한 대응.
- ★ 법과 질서, 부패 척결을 촉구한다.

그리고 독재자는 일단 권좌에 앉으면 다음과 같은 일을 자행한다.

- ★ 사법부, 입법부, 선거를 통제하는 조치를 시행한다.
- ★ 존재하지 않는 비상사태에 대한 위기감을 고조시킨다.
- ★ 군사 개입이 필요한 위기를 만들어낸다.
- ★ 언론을 통제한다.

* 선전, 선동을 확대한다.

* 언론인을 비롯한 반대파를 수감하거나 위협한다.

* 예술가, 지식인, 자유 사상가를 공격한다.

* 교육제도 통제에 착수한다.

* 젊은 세대에서 열혈 추종자를 길러내고자 한다.

* 지지자와 동맹에 경제적 특혜를 제공한다.

* 대대적으로 개인 우상화에 착수한다.

* 종교적 자유를 위협하거나 제한하며, 종교를 정권의 지침에 따르게 한다.

독재의 역사에서 논의된 지도자 대부분은 이상의 기술을 연습하고 완벽히 구사해 비인간적인 수준으로 펼쳤다. 그러나 독재자라고 해서 목표를 달성하기 위해 수백만 명을 죽일 필요는 없다. 권위주의 정부가 권력을 유지하기 위해 늘 강제수용소, 대기근, 집단학살 전쟁을 필요로 하는 것은 아니다. 정보가 선택의 무기로 영향력이 커지는 시대에는 여론과 뉴스, 사실의 흐름을 통제하는 자가 최고 권력을 갖는다.

미국은 이 책에서 다룬 독재자가 지배했던 나라들과는 달리, 오랜 민주주의와 공화주의의 전통이 있다. 그 뿌리는 권위주의 독재를 방지하는 보호벽 역할을 하는 헌법과 입법·사법·언론 기구에 있다. 모든 시민에 민주 권력을 주는 나라는 고통스러울 정도로 더디게 발전하며 이는 종종 불공정하게 이루어지지만, 확실히 1787년 헌법 입안자들이 계획했던 것보다는 발전했다. 더 큰 자유와 정의를 향해 한 걸음 한 걸음 내디딜 때마다 다른 사람들의 반대에 부딪혀왔지만, 결국 노예제 폐지, 여성 참정권 인정, 시민권 확대를 이루어냈다. 미국은 아직 독재자에 굴복하지 않았지만, 민주주의를 지키기 위해서는 위기나 힘겨운 역경을 직면해서도 경계를 늦추지 않아야 한다.

그럴 가치가 있을까?

2차 세계대전 중 불확실성과 절망적인 분위기에 직면한 '작가 전쟁 위원회(Writers' War Board)'라는 연방 기관이 《뉴요커》지에 "민주주의란 무엇인가"라는 질문을 던졌다. 이에 수필가이자 향후 『샬롯의 거미줄(Charlotte's Web)』을 쓰는 E. B. 화이트는 다음과 같이 답했다.

"분명 위원회는 민주주의가 무엇인지 알고 있다. 민주주의는 오른편에 그어둔 선이다. 그것은 '밀지 마세요(don't shove)'에서 '마세요(don't)'에 해당하는 것이다. (…) 민주주의는 반수 이상의 사람들이 반수 이상의 경우 옳다고 하는 데 대해 끊임없이 의혹을 품는 것이다. 그것은 투표소에서 개인의 의견이 보장받는다는 느낌, 도서관에서 교감하는 느낌, 어디서든 느껴지는 활력이다. 민주주의는 편집자에게 보내는 편지다. 민주주의는 9회 초의 야구 경기다. 아직 입증되지 않은 생각이며, 가사가 나쁘지 않은 노래다. 핫도그 위에 끼얹은 머스터드소스이며, 배급받은 커피에 탄 크림이다. 민주주의는 전쟁이 한창인 어느 날 아침 민주주의가 무엇인지 알고 싶다는 전쟁 위원회의 요청이다."

그리고 그가 옳았다. 투표소에는 신성함이 있다. 시민이라면 선거에서 투표할 뿐 아니라 시민으로서 다른 활동에 참여할 수 있다(그리고 참여해야 한다). 선출된 국가 관리에게 전화, 서면, 이메일로 연락하는 것은 시민의 권리다. 편집자에게 편지를 보내고 함께 신문에 의견을 표명하는 것도 권리다. 그리고 비폭력 행진, 시위, 파업, 보이콧은 모두 소중히 여기고 보호·보존해야 할 권리로, 대부분 행사되고 있다.

이것들은 법률 폐지, 참정권, 시민권, 동성 결혼을 비롯해 총기 규제법과 재생산권(출산과 관련된 모든 행위 등에 대해 여성이 스스로 결정하고 정보나 서비스에 자유로이 접근하며 국가로부터 보호받을 권리-옮긴이)처럼 아직도 많은 사람이 동의하지 않는 이슈의 원인을 발전시키는 데 도움이 된 귀중한 자유이자 강력한 도구이다. 그리고 시위에 참여하거나 자신의 의견을 말하는 데 나이 제한은 없다. 전 세계적으로 10대들이 기후 변화 운동을 주도하고 있으며, 미국의 어린 학생들(그중 일부는 학교 내 총기 난사 사건의 희생자이다)은 총기 규제 강화법 제정을 위한 운동을 전개하고 있다. 우연찮게도 이 운동 역시 '절대 다시는(Never Again)'이라고 불린다.

다행히도 미국인들은 아직도 표현과 시위의 자유를 누리고 있다. 하지만 이 책에서 다룬 다섯 사례에서 보듯, 이러한 권리를 보호하기 위해 만들어둔 안전장치는 쉽게 제거될 수 있다. 자유 언론도 침묵할 수 있고, 법원도 이념의 편으로 기울어질 수 있다. 권력을 가진 자는 보통 사람들은 엄두도 낼 수 없는 것을 누릴 수 있다. 시위할

악의 패턴

자유가 제한될 수도 있으며, 권리를 박탈하도록 법을 재개정할 수도 있다. 이렇게 일단 사라진 권리는 되찾기가 매우 어렵다.

독재자의 부상에 대한 의문에 답을 찾아가는 과정에서 몇 가지 어려운 질문에 봉착하게 된다. 지역적·국가적으로 만들어진 법에 주의를 기울이는가? 국민의 대표자들이 국민에 관심을 기울이기를 기대하고 요구하는가? 판사와 법원이 말하는 것에 주의를 기울이는가? 관리들에게 책임을 묻는, 강력하고 독립적인 자유 언론을 지지하는가? 사실과 의견의 차이점을 인지하는가? 투표권, 많은 사람이 목숨 걸고 피 흘리는 투쟁 끝에 쟁취한 그 권리를 지지하고 보호하고 확대하기 위해 노력하는가?

스스로 생각하는가? 권위에 대해 의문을 품는가?

많은 사례가 보여주듯, 강력한 권위주의의 세력에 저항하기란 매우 어렵고 위험한 일이다. 단순한 진실은, 비록 대다수는 아니더라도 많은 사람이 기꺼이 권위주의 세력이 시키는 대로 그리고 대중이 하는 대로 따른다는 것이다. 그들은 권위를 의심하거나 권위에 도전하지 않는다. 이는 인간 심리의 기본적인 특징이다. 사람들은 종종 "타인과 잘 어울리기 위해 시류를 따른다". 하지만 역사학자 티머시 스나이더(Timothy Snyder)가 20세기의 폭정을 다룬 이야기에서 도출한 교훈은 "미리 복종하지 말라"는 것이다.

독일의 1차 세계대전 참전용사이자 루터파 교회 목사인 마틴 니묄러(Martin Niemöller)는 처음에 히틀러의 권력 승계를 환영했다. 하지만 그러한 견해를 버리면서 언젠가부터 게슈타포가 자신을 감시하고 있다는 사실을 알게 되었다. 1934년부터 1937년 사이 니묄러는 일곱 차례 체포와 석방을 겪었다. 마침내 게슈타포에게 끌려가 '반역적 발언'을 한 죄로 유죄판결을 받고 강제수용소로 이송되었다. 그리고 미군에 의해 해방되기 전까지 7년간 수용소에 수용되어 있었다. 그는 오늘날 다음 인용구로 널리 알려져 있다.

"처음에 그들이 사회주의자들을 덮쳤을 때, 나는 잠자코 있었다. 나는 사회주의자가 아니니까. 그리고 그들이 노조를 덮쳤을 때, 나는 잠자코 있었다. 나는 노조원이 아니니까. 그런 다음 그들이 유대인을 덮쳤을 때, 나는 잠자코 있었다. 나는 유대인이 아니니까. 그리고 그들이 나를 덮쳤을 때, 나를 위해 항변해줄 사람이 하나도 남아 있지 않았다."

미국 홀로코스트 기념관에 따르면 이 인용문은 전쟁 이후 니묄러의 강연에서 발췌한 것이다. "이 시가 해석에 따라 가톨릭, 여호와의 증인, 유대인, 노조, 공산주의자 등 다양한 집단을 언급하며 다양한 형식으로 발표되면서, 시의 내용을 둘러싸고 논쟁이 커지고 있다. 그럼에도 불구하고 니묄러가 말하고자 하는 바는 독일인들이 나치의 투옥, 박해, 수백만 명의 살인에 침묵하면서 상황이 악화했다는 것이다. 그가 이 시에서 말하고 싶었던 대상은 루터교를 비롯한 개신교 지도자들이었다."

니묄러는 이러한 사실을 깨닫기까지 시간이 걸렸지만, 훗날 자신이 반유대주의와 나치를 지지했던 과거를 보상하는 데 말년의 많은 시간을 바쳤다. 비록 젊은 시절에 그릇된 판단을 했지만, 당시 독일에서 일어나던 일을 인지한 소수의 사람이다. 그보다 더 드문 것은 한스와 조피 숄 남매와 백장미단 회원처럼 폭정이 심각해지기 시작한 것을 목도하고 이에 대해 목소리를 내고 행동한 영웅적인 인물들이다. 백장미단 활동으로 처형된 또 다른 젊은이 쿠르트 후버(Kurt Huber)는 이렇게 말했다. "나는 내가 행동해야 하는 대로 행동한다. 내 안에서 들려온 목소리가 시키는 대로."

유명한 소설『파리 대왕』에서는 한 무리의 영국 소년들이 비행기 사고로 어떤 섬에 고립된다. 소라 껍데기를 가지고 있는 사람만 발언할 수 있다는 약속으로 상징되는 법과 질서, 규칙을 지키려는 이들의 시도는 곧 권력투쟁을 거치며 유혈이 낭자한 야만적인 살육으로 변질되고 만다. 처음에 '대장'으로 뽑힌 랄프는 질서를 유지하려 하지만 곧 혼자 남게 되고, 결국은 다른 소년들이 독재자의 호소에 넘어가면서 목숨을 건 싸움에 내몰린다.

안타깝게도 우리 역사는 랄프나 한스와 조피 숄 남매 같은 사람은 거의 없다는 사실을 보여준다.

아이들에게 사랑받는 그림책『모자 속의 고양이(The Cat in the Hat)』에서 두 아이는 엄마가 외출한 동안 장난꾸러기 고양이와 함께 엉망진창 난리법석의 오후를 보낸다. 소년은 자신과 여동생 샐리에게 무슨 일이 있었는지 엄마에게 말을 해야 할지 말아야 할지 고민한다. 소년의 고민은 지금까지 이 책에서 살펴본 이야기가 우리에게 던지는 질문과 똑같은 것이다.

"엄마가 너에게 물으면 너는 뭐라고 하겠니?"

추천 도서

플라톤, 『국가』

니콜로 마키아벨리, 『군주론』

조지 오웰, 『1984』

한나 아렌트, 『전체주의의 기원』, 박미애 외 옮김, 한길사, 2006

메리 비어드, 『로마는 왜 위대해졌는가』, 김지혜 옮김, 다른, 2020

대니얼 부어스틴, 『발견자들』, 범양사, 1987

고든 창, 『중국의 몰락』, 형선호 옮김, 뜨인돌, 2001

케네스 C. 데이비스, 『미국의 운명을 결정한 여섯 가지 이야기』, 김수안 옮김, 휴머니스트, 2010

케네스 C. 데이비스, 『말랑하고 쫀득한 미국사 이야기』, 이충호 옮김, 푸른숲주니어, 2010

러셀 프리드먼, 『1차 세계대전』, 강미경 옮김, 두레아이들, 2013

러셀 프리드먼, 『우리는 침묵하지 않을 것이다』, 강미경 옮김, 두레아이들, 2017

에른스트 H. 곰브리치, 『곰브리치 세계사』, 박민수 옮김, 비룡소, 2010

유발 하라리, 『사피엔스』, 조현욱 옮김, 김영사, 2015

애덤 호크쉴드, 『레오폴드 왕의 유령』, 이종인 옮김, 무우수, 2003

에른스트 윙거, 『강철 폭풍 속에서』, 노선정 옮김, 뿌리와이파리, 2014

스티븐 레비츠키·대니얼 지블랫, 『어떻게 민주주의는 무너지는가』, 박세연 옮김, 어크로스, 2018

티머시 스나이더, 『폭정』, 조행복 옮김, 열린책들, 2017

티머시 스나이더, 『가짜 민주주의가 온다』, 유강은 옮김, 부키, 2019

프리모 레비, 『이것이 인간인가』, 이현경 옮김, 돌베개, 2007

알렉시스 드 토크빌, 『미국의 민주주의』, 임효선 외 옮김, 한길사, 2002

매들린 올브라이트, 『파시즘』, 타일러 라쉬 외 옮김, 인간희극, 2018

야스차 뭉크, 『위험한 민주주의』, 함규진 옮김, 와이즈베리, 2018

아돌프 히틀러, 『나의 투쟁』

이언 커쇼, 『히틀러』, 이희재 옮김, 교양인, 2010

잉게 숄, 『아무도 미워하지 않는 자의 죽음』, 송용구 옮김, 평단문화사, 2021

사이먼 시백 몬티피오리, 『젊은 스탈린』, 김병화 옮김, 시공사, 2015

로버트 서비스, 『스탈린』, 윤길순 옮김, 교양인, 2010

알렉산드르 솔제니친, 『수용소군도』, 김학수 옮김, 열린책들, 2020

알렉산드르 솔제니친, 『이반 데니소비치, 수용소의 하루』, 이영의 옮김, 민음사, 1998

카르멘 애그라 디디·유진 옐친, 『수탉과 독재자』, 김경희 옮김, 길벗어린이, 2018

첸다, 『중국의 아들』, 곽중철 옮김, 이지북스, 2007

프랑크 디쾨터, 『문화 대혁명』, 고기탁 옮김, 열린책들, 2017

필립 쇼트, 『마오쩌둥』, 양현수 옮김, 교양인, 2019

악의 패턴

민주주의를 불태우는 독재자들

초판 1쇄 발행 2021년 8월 18일

지은이 케네스 C. 데이비스
옮긴이 임지연

펴낸이 장종표
편집 하동국, 박민주   디자인 씨오디

펴낸곳 도서출판 청송재
등록번호 2020년 2월 11일 제2020-000023호
주소 서울시 송파구 송파대로 201 테라타워2-B동 1620호
전화 02-881-5761   팩스 02-881-5764
홈페이지 http://csjpub.com
페이스북 http://www.facebook.com/csjpub
블로그 http://blog.naver.com/campzang
이메일 sol@csjpub.com

ISBN   979-11-91883-00-8   03300

※ 책값은 뒤표지에 있습니다.